湛庐文化
Cheers Publishing
a mindstyle business
与 思 想 有 关

THOMAS
H. DAVENPORT
全球顶尖
商业思想家
托马斯 · 达文波特

B.
DATA

全球商业界炙手可热的

数据分析之父

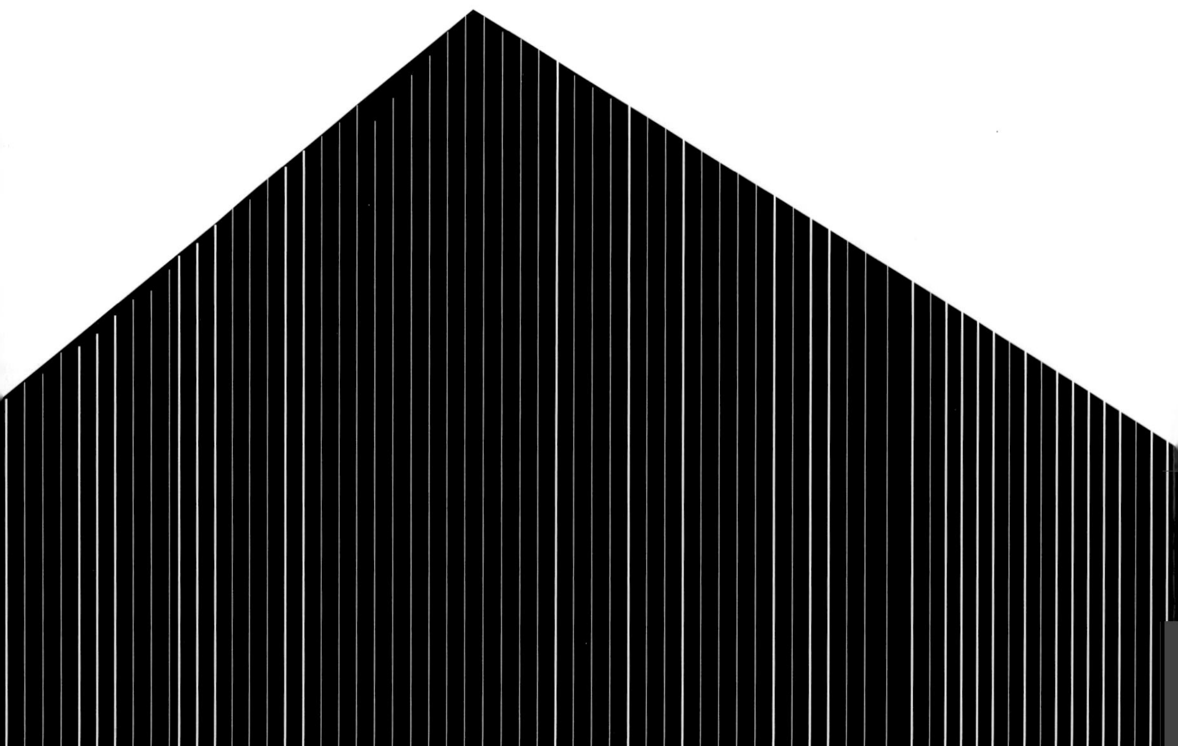

在商业界，曾有这样一句至理名言：如果你问一位CIO，今时今日数据对其企业的意义，那么他会很愿意跟你谈谈“数据分析竞争法”的必要性，以及快速做出正确决策的重要性。这句话源于一本叫作《数据分析竞争法》（*Competing on Analytics*）的著作，随着这本著作诞生的还有两个超级火热的概念：一个是“数据分析竞争法”，一个是“大数据”。

站在这两个惊世概念背后的是一位名叫托马斯·达文波特的数据分析师。这位出生于1954年10月17日的美国人，毕业于哈佛大学，曾经先后在哈佛商学院、芝加哥大学和波士顿大学任教，还曾经担任过埃森哲战略变革研究院主任，美国知名商学院巴布森学院著名教授，对知识管理有深入的研究。

如果在全球数据分析师领域进行一次排名，达文波特无疑会成为很多人心中的榜首。在商业分析领域摸爬滚打的35年里，达文波特没有一丝懈怠，多次领先创立顶尖的数据分析法，比如数据分析DELTA模型、成为数据分析师的三原则等。他知道，领先的企业不仅是在收集和存储大量的数据，而且围绕着由数据引发的新观点制定竞争战略，这会使企业获益无穷。

如今，虽然他已经年过花甲，但仍然神采奕奕，一直在从事自己认为最性感的工作——数据分析。他是今时今日大数据时代当之无愧的数据分析之父。

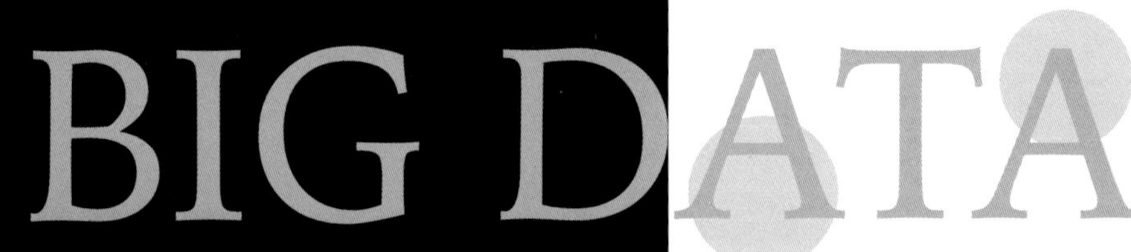

3次预见商业拐点的
大师级玩家

BIG

1983年，达文波特离开教职进入商业研究领域，在短短7年后，便迎来了商业事业的顶峰。他曾3次预见商业范式转型的大拐点，成为当今商业界极富洞见的未来学家。

达文波特第一次预见商业的转型是在1990年，当时他敏锐地注意到，企业要想在市场中取得胜利，就要面向顾客需求，重组业务流程。因此，他开创性地提出了流程再造（reengineering）理念，一时声名鹊起。

达文波特最早发起了知识管理运动，这是他第二次预见商业的未来。俗话说："拥有100位博士的企业，未必拥有100位博士的知识；拥有一群智商120分以上员工的企业，企业商往往远低于120分。"他认为，没有知识管理的企业，员工进入后只会感受到不断的付出，因此，无论获得多好的待遇，都只能算是"出卖劳动力"。

真正让达文波特在全球商业管理界成为风云人物的则是他在互联网时代兴起时提出的"注意力经济"概念，这是他第三次预见商业的未来。"注意力经济"研究了CEO们所面临的最大挑战之一：如何赚得和消费新经济时代的企业货币。他成功抓住了企业从"知识时代"到"注意力时代"转型的开创性节点，并出版了同名著作，被IBM前知识管理研究院院长拉里·普鲁萨克（Larry Prusak）重磅推荐。他所在的埃森哲公司，也在当年被《财富》全球500强企业选中作为头号咨询公司。

达文波特一次次对商业时代潮流进行了精准的感知和把握，让无数企业管理者对世界有了理解和思考的框架，而这完全得益于他超强的数据分析能力。

DATA

与克莱顿·克里斯坦森、杰克·韦尔奇
比肩的商业思想家

达文波特凭借睿智的洞见和新锐的商业思想，为自己赢得了无数荣誉。2000年，他被《CIO》杂志评选为“新经济十大杰出人物”之一。之后，在由他发布的巴布森学院“全球著名商业思想家”排行榜中，他把自己排在了第25位。在这个榜单上，知名战略思想家加里·哈默拔得头筹，畅销书作家托马斯·弗里德曼和微软前董事长比尔·盖茨分别列第二、第三位，达文波特是与克莱顿·克里斯坦森、杰克·韦尔奇比肩的商业思想家。2003年，达文波特被权威的《咨询师》杂志评选为全世界“最顶尖的25名咨询师”之一。

达文波特还是一位知名的商业图书作家，出版了近20本管理类畅销书，被多个国家引进出版，极负盛名。

KEEPING UP WITH THE QUANTS

Your Guide to Understanding and Using Analytics

成为数据分析师

6步练就数据思维

[美] 托马斯·达文波特 金镇浩◎著
Thomas H. Davenport Jinho Kim

盛杨燕◎译

浙江人民出版社
ZHEJIANG PEOPLE'S PUBLISHING HOUSE

数据决策时代，人人都是分析师

我们生活在一个数据泛滥的时代。数据正以惊人的速度在增长，每个人的下一秒都会被更多的数据包围。我们收集数据的主要目的是完善企业、政府和社会层面的决策制定机制。因此，如果我们无法通过定量分析，利用数据实现更好的决策制定，就是对数据资源的浪费，也有可能造成不良后果。因此，本书致力于为你展示定量分析的运作方式，以及该如何利用定量分析做出更好的决策，即使你没有相关知识背景，也无妨。

数据，创新产品与服务的源泉

数据的力量正在各行各业中崛起。如果你热爱运动，那肯定知道《点球成金》（*Moneyball*）这部电影，影片主角奥克兰运动家棒球队总经理比利·比恩（Billy Beane）利用球员的表现数据和分析学革新了职业棒球运动。现在，这种革新已经延伸到了所有的主流体育项目当中。如果你喜欢玩在线游戏，可能知道星佳（Zynga）和美国艺电（Electronic Arts），这些社交网络游戏公司正在收集并分析用户所有的游戏行为。那电影呢？你也许知道奈飞（Netflix）可以利用算法预测你可能喜欢的电影，好莱坞的一些制片人会利用算法来推断什么样的电影投资回报率高，美国独立电影公司相对论传媒（Relativity Media）就是这么做的。

数据种类各不相同。有的数据因为事务性用途被收集和管理，比如，企业和机构通过跟踪员工上班时间和剩余假期所得的数据。当企业收集到大量数据之后，就希望能读懂这些数据，并在此基础上做出决策。同样地，也可以利用分析学来研究与人力资源相关的事务性数据，企业可能会提出“下一年度有多少员工可能会退休”或者“员工休完所有的假期和其年度绩效考核之间是否存在关联”之类的问题。

不过，数据和分析学的作用并不局限于完善内部决策的制定。像谷歌、Facebook、亚马逊和 eBay 等许多立足于互联网的企业，都在利用收集网上交易数据所形成的大数据来支撑决策制定以及为客户提供新产品和服务。**无论你是想实现更富成效的内部决策，还是想为客户提供更具价值的产品，分析学必不可少，它会对数据进行汇总、分析，并找出其中的含义和内在关联。**要读懂并挖掘出数据的价值，必须借助数学或统计分析，简单地说，就是分析学。

数据分析的本质

一般情况下，我们所说的分析是指，使用大量数据、统计和定量分析、解释和预测模型以及基于事实的管理来推动决策过程与实现价值增生。

根据分析的方法和目的，分析可以被划分为描述性分析（descriptive analytics）、预测性分析（predictive analytics）和规范性分析（prescriptive analytics）。描述性分析包括数据收集、整理、制表、制图以及描述正要研究的事物的特征，这类分析以往被称为“报告”。描述性分析可能非常有用，但它不能解释某种结果出现的原因或者未来可能会发生的事情。

预测性分析不仅可以对数据特征和变量（可以假定取值范围的因素）之间的关系进行描述，还可以基于过去的数据预测未来。预测性分析首先会确定变量之间的关联，然后基于这种已知关联预测另一种现象出现的可能性，比如在看到某个广告后，一位消费者可能会去买产品的可能性。虽然预测性分析中的预测是基于变量之间的关联做出的，但这并不代表预测性分析都需要明确因果关系。事实上，准确的预测并不一定需要基于因果关系。

规范性分析是更高层次的分析，如实验设计和优化等。就像医生会在处方上建议患者采取什么行动一样，实验设计试图通过做实验给出某些事情发生的原因。为了能够在因果关系研究中信心饱满地做出推断，研究人员必须妥善处理一个或多个独立的变量，并有效控制其他无关的变量。如果处于实验环境下的测试组的表现大大优于对照组，决策制定者就应该立即推广这种实验环境。

优化是规范性分析采用的一种方法，指试图识别出一个特定变量与另一个变量之间理想的关系水平。例如，我们可能会对识别最有可能让产品实现高收益的价格感兴趣。同样地，优化这种方法能够识别出使零售企业最大限度避免缺货情况的库存水平。

根据分析采用的方法以及收集和分析的数据类型，我们可以将分析分为定性分析（qualitative analysis）和定量分析（quantitative analysis）。定性分析的目的是深入了解某种现象出现的根本原因和诱因。非结构化数据通常是从少数非代表性案例中收集而来，并进行了非统计性的分析。定性分析是分析的最初阶段，它通常是探索性研究的有效工具。定量分析是指通过统计、数学或计算的方法对现象进行系统的实证研究。通常情况下，结构化数据是从大量典型案例中收集而来，并进行统计分析。

为了服务于研究者的不同研究目的，存在以下几种类型的分析：

- 统计学：收集、整理、分析、说明和呈现数据的学科。
- 预测：根据已有数据，预测一些感兴趣的变量在未来某个特定时间点的情况。
- 数据挖掘：通过使用算法和统计技术，自动或半自动地提取大量数据中未知的有趣模式。
- 文本挖掘：用类似于数据挖掘的方式从文本中得出模式和趋势的过程。

- 优化：在同时满足约束条件的情况下，按照某些标准，利用数学方法来寻找最优的解决方案。
- 实验设计：给各组随机分配被试，然后使用测试组和对照组来推导出特定结果中存在的因果关系。

> 虽然此处给出了一系列常用的分析方法，但在使用的过程中，会不可避免地出现相当大的重叠。例如，回归分析（regression analysis）是预测性分析中最常用的方法，与此同时，它也是统计学、预测和数据挖掘中常用的方法。此外，时间序列分析（time series analysis）是用于分析数据随时间变化的一种具体统计方法，在统计学和预测中也经常被用到。

上文提到的支撑人力资源决策的事务性数据是定量分析的结构化数据，其数据量相对较小，即使是大型企业，可能也就只有 1TB 或 2TB。过去，分析就是发生在这样的环境中，因此，就让我们将其称为“小数据”吧。过去，分析学别无选择，必须针对小数据。

现如今，令大企业、非营利性组织和小型初创公司激动不已的是大数据。大数据是大量的非结构化数据，其来源极为广泛，可能来自互联网上的在线交谈，或者摄像机的连续镜头，或者医院患者的 DNA 分析。这类数据量非常庞大，甚至达到拍字节（PB）的程度。比如，谷歌每天要处理 24 PB 的互联网数据；美国电话电报公司（AT&T）每天要转换 30 PB 的语音和数据通信数据。如今，通过新型软件和硬件技术，我们可以分析大数据并挖掘出其蕴涵的意义。

数据即未来

大数据一词指的是数据量异常庞大且多种多样的非结构化数据。以下是一些例子：

- 社交网络游戏公司星佳每天要处理超过 1 PB 的游戏数据。
- YouTube 用户每天观看超过 10 亿小时的视频。
- Twitter 用户每月进行 320 亿次搜索。
- 2011 年，谷歌用户每天进行近 50 亿次搜索。
- 2009 年，全球每天发送的短信超过 25 亿条。
- 2010 年，世界各地的手机使用量达到 50 亿台。
- 经过全面分析，一个人类基因组包含大约 1TB 的数据。
- 评估一头奶牛健康状况的无线传感器每年会传输 200 MB 的数据。
- 2008 年，连接到互联网的设备的数量超过了全球人口的总量。
- 据思科系统公司（Cisco Systems）估计，20 种常见的家用电器产生的上网流量超过了所有互联网用户在 2008 年间产生的上网流量之和。
- 麦肯锡咨询公司预测，在美国的各行各业，职工超过

> 千人的企业存储的平均数据比美国国会图书馆（Library of Congress）的数据还要多。

大数据和分析学会改变各行各业的商业职能。任何组织或个人只要抢先一步掌握大数据，就会奠定至关重要的竞争优势，就像在小数据时代占据先机进行数据分析的人能在竞争者中脱颖而出一样。因此，企业和组织机构必须抓住大数据的历史机遇。

大数据的潜能之所以能得到激发，是因为计算和数据收集设备的普及，而传感器和微型处理器即将无处不在。基本上，任何机器或电子设备都会遗留下有关性能、位置和状态的数据，而这些设备及其用户通过在互联网上的沟通又催生了一个海量数据源，当所有这些数据与由其他媒介，如无线和有线电话、电报、卫星等媒介生成的数据结合起来时，数据的未来岂止于大。

如果所有这些数据都可用，就意味着基本上所有的企业和组织行为都可以被视为大数据问题或者大数据行为。在制造业内，大部分机器设备已经配置了一个或多个微处理器，大数据的氛围越来越浓烈。随着消费者的选择日趋多样化，市场推广早就成为一种大数据行为。谷歌也将其无人驾驶汽车项目定性为大数据项目。

许多企业的首席执行官曾公开表示，分析性思维和决策制定是企业成就和个人财富的来源，其中凯撒娱乐集团（Caesars Entertainment）的首席执行官加里·拉夫曼（Gary Loveman）就曾说过：“我们思考了吗，或者说我们知道结果了吗？”亚马逊首席执行官杰夫·贝佐斯（Jeff Bezos）曾说过：“我们对数据来者不拒！”领英联合创始人兼董事长里德·霍夫曼（Reid

Hoffman）也曾说过："Web3.0 就是数据。"

各行各业的企业都应意识到数据的肆虐来袭，它们需要能对其进行详尽分析的人，这类人虽然有着不同的称呼，却有着同样的身份，那就是数据分析师（quants）。不过，《成为数据分析师》并不是为这些十八般分析武艺样样精通的人所著。本书的目标受众是能基于分析结果制定出好决策并采取行动的人，这些人虽然是企业内部的非定量分析人员，但需要基于定量数据和分析来开展工作并制定决策。

一场探秘数据之旅

我和托马斯[①]的学术背景虽然有所不同，但阐述这个话题的目的相同，都是希望扩大分析性思维在商业和社会层面的运用，特别是帮助非数据分析师更好地利用数据。托马斯自身也不是真正意义上的数据分析师，事实上，作为有着学术背景的社会学家，他的统计能力相对薄弱，不过，在分析学以及分析学在商业领域上的运用，他就是权威。几十年来，他一直致力于就如何培养分析能力进行调研、创作、教学和企业咨询。他一直与管理者共事，而通过帮助他们利用分析学所得的工作经验正是本书的创作基础。此外，他还是畅销书《数据分析竞争法》（*Competing on Analytics*）和《数据化变革》[②]的第一作者，这两本书聚焦大企业是如何利用分析学制定商业策略的。不过，

---

① 即指托马斯·达文波特，此段是金镇浩的笔述。——编者注

② 《数据化变革》（*Analytics at Work*）（暂定名）一书构想了未来可能的数据化场景，并提示企业和个人如何利用数据化思维制胜未来。本书中文简体字版将由湛庐文化策划，浙江人民出版社出版。——编者注

在《成为数据分析师》这本书中，他将注意力转移到了个人身上，关注个人如何培养分析技能，确定分析方向。

金镇浩（此处是达文波特的笔述）的商务和统计学学术背景注定他是一名真正意义上的数据分析师。他一直在研究如何利用分析方法解决商业和社会领域的众多问题，还创建并运营了一个教育项目，以培养个人的分析技能。在韩国，金镇浩是一位商务和统计学教授，出版了6本著作，其中《100个统计学常识》（*100 Common Senses in Statistics*）和《怪诞统计学》（*Freak Statistics*）旨在帮助非统计学家更好地理解和通晓统计知识。

此书旨在帮你更好地利用数据，更深谙分析学之道。有了此书，与数据分析师共事将不再那么艰难，在与他们就其所进行的分析对话时，也有可能碰撞出火花。此书还能让你学会定量分析的行话，让你问出行内人该问的问题。说不定，你也会变成数据分析师呢！

数据分析师如何从0到1

企业管理者能通过多种方式，与企业内部的定量分析师亲密合作，利用分析学提升决策制定的效率。让我们看看最近珍妮弗·乔伊（Jennifer Joy）在美国保险公司信诺（Cigna）制定的一项决策。乔伊是临床手术部门（Clinical Operations）副总裁，她管理着该公司庞大的客户服务中心。该客户服务中心帮助信诺的客户增强体质，特别是有慢性病、需要长期治疗的客户，比如患有糖尿病和心脏病的客户。乔伊本是一名护士，并不是分析师。不过，她读过MBA，也笃信分析性思维的重要性。她的案例展示了分析性思维的两个方面：定性问题和找出问题的正确答案，她的这种分析性思维帮助公司和客户节约了大量成本。

乔伊的工作面临的一个首要决策是，该花多长时间在客户的慢性病管理上，也就是告诉他们如何预防疾病或者如何防止疾病的扩散。一方面她想确保自己确实有帮助到客户，另一方面还要合理控制公司的成本。对于她来说，主要的结果变量就是信诺的客户是否入院或再入院。一度，她手中有几十页的月度报表，里面记载着客户再入院的频率，这个频率时高时低，但到底是什么引起了它的波动，乔伊不得而知。“我掌握了很多数字，但它们只是数据而已，不能回答深层次的问题，即‘这说明了什么’。”乔伊真正想知道的是，客户打电话给信诺之后，在身体健康和住院这两个问题上，到底有没有获得答案。

为了更深入地了解慢性病管理和住院率之间的因果关系，乔伊向信诺的一些分析学专家寻求帮助。迈克尔·科辛斯（Michael Cousins）和其同事组成了一个分析团队，由科辛斯牵头与乔伊一起深入探究这个问题。科辛斯说：“乔伊虽然并不是全然理解因果关系背后的各种推理细节，但是，她是一个逻辑性强、爱钻研的人，而且提出的问题非常睿智。她对定量分析并不是那么敏感，但非常注重分析。与像她这样的决策制定者共事，分析团队打着灯笼也难找。”

在信诺，科辛斯的团队专注于让分析方法和业务需求相匹配。他的团队认同乔伊的观点，即有关住院情况的数据派不上什么用场，因为它并没有回答乔伊提出的因果关系问题：在客户的健康状况和住院这两个问题上，临床医生的建议到底产生了什么样的影响。换言之，已有的报表采用上下波动的方法并不适用于解决她所提出的业务问题，因为在决策制定的过程中，没有可靠的对比或者参照组作为基础。比如，原来那些报表并没有根据客户病情的轻重情况进行配对，有的病人的病情会更危急一些，有的则会缓和一些。于是，科辛斯的团队创建了一种病例配对方法，将健康状况、人口统计数据、生活方式和住址相近的患者进行配对。然后，每一对配对成功的客户中的一人将接受慢性病管理与督导，而另外一个人则不接受，如此一来，乔伊就能确定这种管理和督导的效果到底如何了。科辛斯指出："对乔伊来说，去调研这些干预是否真的有效是需要勇气的，因为这毕竟是她公司的主要业务，但她为了找出真相，义无反顾。"

结果表明，客户服务中心提供的有些干预对很多疾病来说，并不能达到预期的效果，但在乔伊他们意想不到的一些疾病上，却又卓有成效。对于前一组客户，乔伊决定采取行动，缩短患有特定疾病的客户的通话时间，直到确定客户服务中心提供的服务为客户带来效用为止。对于后一组客户，他们则增加和调遣了客服人员，以为客户提供更具附加值的活动。乔伊还和科辛斯的团队在其他分析项目上进行了合作，包括对照实验（controlled experiment），以测试不同的督导方法，比如与客户的医生进行更深入地接洽。在究竟哪种方法会奏效这一问题上，她并没有依靠直觉去判定，而是坚定地遵循结构化分析的理念，比如说利用"测试与获知"（test and learn）这类大数据分析分法，每年进行二三十次测试来判定。

乔伊原本就擅长分析，现在，通过和专业人士的合作，她又掌握了分析工具，可以将所思所想付诸实践，然后做出以事实为依据的决策。虽然通过电话为客户提供医疗服务的理想方式依然有待发掘，但至少现在，信诺将更多的精力放在了事实证明有效的方法上，减少了花在那些确实不起作用的方法上的冤枉钱。对于科辛斯和其团队来说，也在与乔伊和信诺其他善于分析的高管的合作中获得了好处，他们变得更善于用商业术语表述分析结果，传达分析对于客户和经济效益的意义。

因此，《成为数据分析师》并不是为像科辛斯这类分析人士所作，而是奉献给全球如乔伊这类具有分析头脑的人的。不过，我们并不是说希望你变成一位技艺了得的定量分析师或者数据科学家。首先，这不是单单通过读这一本书就能实现的，这需要大量的积累和学习；其次，并不是每个人都喜欢这一行，也不是每个人都有这个能力。

事实上，我们就是想让你具有数据化思维或者分析头脑，即对数据和分析有渴求，在工作中利用它们做决策，并在公司内部提倡这种做法。我们希望人们对你的评价是“他对数据富有激情”，或者如同评价乔伊这样：“虽然她自身不是什么数据极客，但她理解并欣赏他们的工作。”我们虽然没打算让你从事什么复杂的数据分析工作，但希望你成为它的消费者，而且是精明的消费者，利用它来制定决策，提出与数据和分析方法相关的问题，理解分析结果并利用其提升你的企业业绩。改述哈佛大学统计系孟晓犁先生的话来说就是，借由这本书，我们并不是想让你成为专业“酿酒师”（他为统计学博士讲课时用了这个词），只是想让你成为美酒行家。

过去，如果对分析的创建过程了解不充分，就很难有效地利用分析。不过，如今情况大有改观。就像做一个好司机一样，你不需要知道内燃机的工作原理，大多数情况下，在利用统计数据制定决策时，你也无须知晓统计数据是如何计算的。现在，越来越多繁重的工作是由分析软件来未完成的，有时它甚至需要根据你的数据和参数的属性，自行决定应该进行哪些统计分析。更有甚者，一些新的分析软件，比如 SAS 公司的软件具备一种叫“什么意思”（what does it mean）的功能，它能简单明了地解释相关的意义或阐述统计预测采用的是哪种计算方法。

虽然时代呼吁我们充分利用分析，但迄今为止，还没有一本以通俗易懂的语言对其进行详细阐述的书籍来帮助新手掌握分析技能。《成为数据分析师》描述了分析是什么，并用众多真实案例展示如何将分析付诸实践，并为读者提供了提升分析能力的方法。本书能帮助你更深入地理解分析，并提供就问题的分析解决方案与企业内部人员进行有效沟通的方法。

分析型决策，更精准的决策

企业和组织的决策制定可能会基于众多因素，包括个人经验、直觉、实验或者分析和数据。就像电影《点球成金》中分析在职业棒球上的运用一样，并不是说有了分析，成功就有了保障；电影中的奥克兰运动家棒球队当时并未能拿下整个赛季的所有比赛，之后也未出现过在整个赛季中无败绩的情况。然而，利用分析学的人还是占据了一定的优势，正如奥克兰运动家棒球队一样，球队大牌少得可怜，但其表现总是超乎人们的想象。当然，不能排除也有决策制定者单纯依靠经验和直觉就能制定出好的决策，特别是当他面临的是自己经常碰到的问题时。

几乎各行各业的现实情况都表明：**分析型决策制定更精准，而且会产生**

更好的决策效果。在职业棒球中，几乎所有的球队都在使用奥克兰运动家棒球队首创的分析方法，甚至是曾经为自己挑选队员并以非分析型方法和比赛策略引以为傲的纽约扬基队（New York Yankees），现在也聘请了 21 位棒球统计学家。

在商业领域，传统数据分析主要用于支撑企业内部决策，并回答如这样的决策问题“这个产品我们应该卖多少钱”或“什么样的促销活动有可能让某个客户购买我们的产品”。在大数据背景下，分析常用于为客户提供新产品或为已有产品开发新功能，如谷歌搜索引擎的网页排名算法，社交网站领英上的“你可能认识的人”“我应该与哪些人交往”的功能，或者星佳开发的新游戏。这依然是一种决策形式，不管该决策是企业自身做出的还是由消费者做出的。在这本书中，我们会列举出很多案例，如政府部门、医疗保健和体育行业等都可以从中受益。

当一个决策者评估备选决策时，会基于两种信息源对这一决策进行考量：来自定量分析的信息和来自非定量分析的信息。非定量分析的信息是指来自直觉、经历、经验法则、传闻和猜测等途径的信息。这些信息有时是有用的，但也存在众多问题。即使你在决策制定方面拥有很多经验，但经验的弱点是，它并不具备普适性；猜测总是存在风险；一般情况下，你也不应该相信直觉，而大多数人过于看重直觉，并视其为决策制定的指南。比如，行为经济学就认为，在处理经济问题时，人们显然不是一个好的直觉型决策制定者。能通过分析来制定的商业决策有很多，见图 0-1。

营销

- 定价
- 门店和分支机构的选址
- 确定推广目标
- 网站定制
- 数字媒体上的广告投放

供应链

- 该保持多少库存
- 分销中心和仓库的选择
- 产品或车辆的路径
- 货物的装载

财务

- 财务业绩的驱动力
- 绩效计分卡
- 各类预测

人力资源

- 聘用什么样的员工
- 哪些员工可能会离职
- 员工津贴发多少合适
- 什么样的教育会最能让员工受益

研发

- 客户最需要什么样的产品功能
- 某个特定产品有多有效
- 哪种产品设计最受欢迎

图 0-1　可以通过分析来制定的商业决策

尽管分析有很多好处，但它并不是决策制定的万能法宝，有些情况并不适合使用分析来制定决策。如果是无关紧要的或者与个人偏好相关的决策，就没必要浪费时间和精力去收集并分析数据了。另外，如果你必须迅速做出决定，可能就没有时间去采用什么分析方法。如果你需要制定的是一个一次性的决策，可能会觉得如此麻烦地收集数据、建立分析模型并不值得。总之，适合采用分析方法来制定的决策是那些需要反复制定，能够留出一些时间进行分析，而且足够重要，并对得起花费的人力和物力的决策。

3 个阶段、6 个步骤，人人都能成为高效的决策者

《成为数据分析师》的核心部分描述的是分析性思维的三个主要阶段。全书用三个章节分别对分析性思维的三个主要阶段进行了详细描述，同时给出了一些分析实例，这些案例都有一个特点，就是其中有一个特定的分析阶段对整个分析工作来说至关重要。图 0-2 展示了这三个主要阶段以及每个阶段采取的分析步骤。

第 1 章讲述的是分析性思维的第一阶段，即构建问题。构建问题的目的是确定分析工作要回答什么问题，以及基于这个问题的答案要做出什么样的决策。构建问题是一个非常重要的步骤，因为如果问题是错的，就算收集再多的数据和进行再复杂的分析，你也无法得到正确的结论。构建问题有两个步骤，一个是识别问题，另一个是回顾之前的发现。在第 1 章中你会看到，一旦你认为自己已经认识了某个问题并确定用分析方法来解决它，那你很可能会发现别人已经解决了这个问题的某些方面，而这通常能帮你更好地构建问题。

第一阶段　构建问题

1.识别问题　　2.回顾之前的发现

第二阶段　解决问题

3.建模或选择变量　　4.收集数据　　5.分析数据

第三阶段　传达结果并基于结果采取行动

6.传达结果并采取行动

图 0-2　定量分析的 3 个阶段和 6 个步骤

第 2 章重点论述了分析性思维的第二阶段，你可能会认为这个阶段是分析工作中最重要的阶段，即解决问题的阶段。在这个阶段，需要确定模型中采用的变量，并收集测量这些变量的数据，然后实实在在地进行数据分析。如果你自己不是一位定量分析师，且没打算成为定量分析师，那么大部分工作你可能会和定量分析师一起开展。然而，对于你来说，知道哪部分工作是重要的且熟悉操作过程仍然是非常有用的。虽然你也许无法独立解决问题，但你提出的问题和提供的见解会大大有助于定量分析师得出一个更好且更有效的解决方案。

第 3 章着眼于第三阶段，也就是最后一个阶段，这个阶段和其他两个阶段同等重要，却往往被忽略，即传达结果并基于结果采取行动。你如何传达分析结果是至关重要的，因为这直接关系到这个分析结果是否会导致某种行动。如果一位决策制定者（也许就是你）不理解分析师所做的工作和分析结果代表着什么，那么他就不会乐意基于这个分析结果来制定决策。如果真是这样，那么前面两个阶段的工作你就白做了，还不如不做。我们生活在一个博眼球的时代，因此以一种妙趣横生、能够吸引注意力的方式传达分析结果是非常重要的。你不能以纸上谈兵的方式来展示你的报告，更不要期望任何人会被这样的报告打动，而应基于报告上的内容采取相应行动。

接下来的章节将着眼于与分析性思维相关的一些特定问题。其中，第 4 章讨论的是如何在分析工作中发挥创造力，这两者水火不相容。第 5 章给出了一些帮助你培养分析能力的方法，当然，前提是你要有这种想法。

第 6 章描述了一些需要用到分析的非定量分析人员与定量分析师一起有

效工作并达成更好的决策的好方法。不用说，这肯定是一种互惠互利的合作方式。全书列举了大量来自各行各业的分析案例，展示了分析是如何被用来解决问题的。书中也提供了一些详细注明了如何应用分析的操作单，还有部分内容强调了立即进行分析性思维的简单方法。

KEEPING UP WITH THE **QUANTS**

人人都是分析师

一个轻率的决策足以毁掉一家巨头企业

无论是正面案例还是反面案例都能让我们获益，但是反面案例往往更令人印象深刻，所以我们不妨来举一个反面例子。乔·卡萨诺（Joe Cassano）的例子应该是最令人印象深刻的了，几乎可以说是他一个人摧毁了一家巨头企业，甚至是美国乃至世界经济。真是见鬼！

卡萨诺到底做了什么，以及他没弄清楚的究竟是分析工作的哪个部分呢？对于卡萨诺其人，我们一提他的头衔，你可能就会有点印象，他原是保险巨头美国国际集团（AIG）旗下的一个由 400 余人组成的全资子公司，即金融产品公司（AIGFP）的首席执行官。他目睹了一笔数额巨大的金钱的流失，虽然确切的金额仍有争议，但差不多就是 850 亿美元，因为美国纳税人从自己的腰包里掏出来用以帮助金融产品公司维持经营和清偿债务的钱就是这么多。虽然要为这笔金钱的亏损负责的不仅是卡萨诺一人，但正如专门揭发名人丑闻的记者马特·泰比（Matt Taibbi）在《滚石》（*Rolling Stone*）杂志中写到的一样，他是导致“全球经济衰退的第一感染源”。泰比还描述卡萨诺为“一个又矮又胖、长着豆子眼且前额过分突出的布鲁克林大学毕业的秃子”，不过这不是我们关心的问题。毕竟，如果他不是让金融产品公司亏了这么多钱，而是赚了不少钱的话，我们相信他的形象不会这么糟糕。

那么，分析和定量分析到底是在什么地方起作用，或者更精确地说，到底是在什么地方缺少了分析和定量分析？金融产品公司之所以亏损了这么多钱，是因为它出售了一种名为信用违约互换（Credit Default Swap，简写为 CDS）的金融产品，换言之，就是提供信用违约保险，保险标的是为抵押贷款支持衍生品的价值。格蕾琴·摩根森（Gretchen Morgenson）是《纽约时报》的记者，他在这些事情发生不久之后指出：“虽然美国的房市崩盘经常被认为是导致金融危机的原因，但事实上，是因为以信用衍生品而著称的错综复杂的金融合约为债务持有人提供违约保险，造成了金融体系的脆弱不堪。这些金融合约悄悄地流行开来，并避开了监管者的监管视线，有时候甚至是卖这些金融合约的企业高管都不明白这些金融合约到底意味着什么。”

卡萨诺显然就是不明白这些金融合约的高管中的一员。事实上，衍生品和信用违约互换都是基于数学和统计学的复杂的金融产品，但不幸的是，就如最后的结果所证明的一样，是基于错误的数学和统计学知识。如果办理了按揭贷款的借款人不再具有偿还贷款的能力，衍生品便将变得一文不值，而金融产品公司就会被迫支付给投保人衍生品的保险价值。说到这里，一切也就明朗了，事情就是这么发生的。

迈克尔·刘易斯（Michael Lewis）在《名利场》一书中描述了金融产品公司业务部存在的核心问题：

> 金融产品公司的交易员说，金融产品公司是为何以及如何从一颗摇钱树变成一场巨亏灾难的原因有些错综复杂，但金融产品公司从兴盛走向衰落的起点却非常简单，就是管理层的变化导致了决策制定方式的变化。2001 年年底，该公司的第二任首席执行官汤姆·萨维奇（Tom Savage）退休了，萨维奇在位时的二把手卡萨诺被提拔为首席执行官。萨维奇是一名训练有素的数学家，对金融产品公司交易员用来进行风险定价的模型了如指掌，从而能够确保合理的风险定价。萨维奇还喜欢针对金融产品公司的各种业务模型和指标进行辩论。然而，卡萨诺几乎不懂数学，且对辩论不太感兴趣。

卡萨诺并不关心潜在风险的评估以及定价模型是否准确。他没有意识到开发出这些模型的美国国际集团和华尔街的分析师们提出的棘手问题，只是把大量的信用违约互换出售给任何愿意为之买单的人。信用违约互换是建立在这些申请了低质量抵押贷款的人有能力偿还贷款的基础之上的。卡萨诺好像从来就没想过这个假设可能是错误的，也有可能他确实想到过这种可能性，但并不为之担心。

对于新手来说，通过自学以提高分析能力并非易事。我们已经搭建了一个网站：http://keepingupwiththequants.weebly.com，读者可以在这个网站上询问分析相关的知识、技术或者正亟需解决的特定问题。在这个网站上，请畅所欲言，你可以提出任何问题。该网站也对本书中描述过的一些案例进行了详细分析，我们偶尔也会在本书中借鉴这个网站上的内容。

想知道托马斯·达文波特最推崇的三种分析法吗？
扫码获取“湛庐阅读”APP，
搜索“成为数据分析师”查看彩蛋。

什么是彩蛋

彩蛋是湛庐图书策划人为你准备的更多惊喜，一般包括①测试题及答案②参考文献及注释③延伸阅读、相关视频等，记得“扫一扫”领取。

KEEPING **UP** WITH THE *QUANTS*

目 录

KEEPING

UP

WITH THE

QUANTS

第一部分

3 大阶段、6 大步骤，高效商业决策的秘密

KEEPING
UP
WITH THE
QUANTS

01

阶段一：构建问题

良好决策最重要的一环

虽然定量分析的种类颇多，但它们都有一些共同的关键特征和步骤。正如我们在引言中提到的，定量分析遵循下列 3 个阶段和 6 个步骤：

构建问题

- 识别问题
- 回顾之前的发现

解决问题

- 建模或选择变量
- 收集数据
- 分析数据

传达结果并基于结果采取行动

- 传达结果并采取行动

在本章和接下来的两个章节中，我们将分别介绍每个阶段和每个步骤，并列举一些全面应用了这6个步骤的定量分析案例，不过对每个案例进行的分析都将着重于所在章节正在论述的特定分析阶段。在这三个章节的末尾，我们将列举两个案例，通常情况下，这两个案例分别来自商业领域和社会整体或个人的经验。这些案例将用来说明如何在分析过程中展开这6个步骤，不过，分析还是会侧重在一个特定的分析阶段上。我们所说的3个阶段和6个步骤并不是进行分析工作的唯一方法，例如，还有一种用于分析产品质量的相关变量的方法叫六西格玛（Six Sigma），它能从每100万个产品中测定出不少于3.4个的不合格产品，不过，我们认为大多数分析专家都是认可这种遵循3个阶段和6个步骤的方法的，而且它的适用范围足够广泛，包罗许多不同类型的商业问题和分析需求。

步骤1　从识别问题开始

一位定量分析师所做的工作始于认识一个问题或决策，然后才开始解决问题。在决策分析过程中，这个步骤叫作“构建问题”，它是一个良好的决策过程中最重要的一环。有很多原因会让你迈出第一步，包括：

- 纯粹的好奇，这通常是基于常识或对事物的观察；
- 识别问题；

- 工作相关的经验；
- 需要制定一个决策或需要采取行动；
- 需要关注当前存在的问题，包括个人、企业或国家的问题；
- 创建理论或者辨明现有的理论或以往的研究；
- 采纳项目计划书或者决定可用的资金。

1.识别问题

在这一步的时候要注意，分析还未到来。预感或直觉可能是决定继续进行某种分析的推动力。这时候，证据的标准不高。当然，定量分析的最终目的是使用一些数据来检验预感。这就是分析性思维者和其他人的区别：**分析性思维者用数据和分析来检验他们的预感。**

在识别问题这个阶段，最重要的事情是充分理解问题是什么以及这个问题为什么重要。这两个问题的答案不仅会帮助我们弄清楚“通过解决问题能够达到什么目的”，也有利于随后的阶段性工作的顺利开展。

找到利益相关者

很明显，这一步涉及的人主要是管理者和决策者，也就是企业的所有者或者组织问题的负责人。然而，即便是在这个阶段，如果能得到对业务问题、决策过程和可能采用的定量分析方法了如指掌的定量分析师的帮助，管理者和决策者在组织问题的处理上就能实现事半功倍的效果。如果你不能找到一个如此全能地拥有上述所有知识的人，那你可能需要组建一个团队，让大家优势互补，让团队整体拥有上述所有知识。

在这一步，有一个问题需要你认真思考，那就是谁是你打算进行的分析工作的利益相关者，以及他们对待你即将处理的问题的态度。你是否有能够根据结果采取行动的利益相关者？他们是否对问题的存在有所怀疑？假如分析本身是完全站得住脚的，他们有可能被说服去做一些事情吗？

KEEPING UP WITH THE **QUANTS**

人人都是分析师

谁才是利益相关者

如果你不能针对下面的大部分问题给出肯定的回答，那你的项目可能从一开始就会陷入困境：

- 哪些高管和定量分析项目的成功息息相关？
- 他们是否对存在的问题和问题的解决方案有一个大概的了解？
- 他们是否有能力提供必要的资源？是否有能力推进定量分析项目成功所必须的业务变革？
- 他们是否都支持在决策制定过程中使用分析和数据？
- 你所推荐的分析案例和交流方式是否与他们常用的思维与决策方式相一致？
- 你是否计划向他们提供定期反馈和阶段性成果报告？

分析师通常有这种习惯，即完全不考虑利益相关者就直接一头扎进分析工作当中。对自己所掌握的分析技能越是自信，分析师就越不会考虑分析结果最终呈现给谁看以及决定根据分析结果采取行动的“决策者”是谁。

如果你觉得有必要为自己的分析项目考虑利益相关者，那么对利益相关者的管理就涉及以下一些常见的步骤：

- 识别所有的利益相关者；
- 记录利益相关者的需求；
- 评估和分析利益相关者的兴趣或影响；
- 管理利益相关者的预期；
- 采取行动；
- 审核身份和重复步骤。

利益相关者分析能够识别主要的决策者，并确定最有可能用分析结果说服这些决策者的方法。如果决策者将分析结果束之高阁，不据此采取任何行动的话，那么即使是最严苛、最站得住脚的分析方法也会变得毫无用处。事实上，如果这是唯一能让决策者信服的证据，那么从方法论的角度采用一个有争议的分析方法进行分析工作也是有意义的。

例如，罗布·杜波夫（Rob Duboff）是一家名为 HawkPartners 的市场调研和市场战略公司的管理者，在任何情况下，他都会对定量研究的价值充满信心。不过据他了解，一些高管不懂得用定量分析方法去了解客户的需求，他们反而更相信定性分析法，如焦点小组访谈法，即召集一小组客户或潜在客户，询问他们对公司的产品和服务的看法，并观察和记录他们的反应。现在，杜波夫明白在方法论上，焦点小组访谈法的做法并不可信。众所周知，在市场研究领域，客户很可能会投你所好，说你想听的话，因此事实就是，他们虽然告诉了你他们喜欢什么，但并不意味着他们会愿意为这些东西掏腰包。当然，如果由一个经验丰富的主持人来引导焦点小组的讨论，这个问题可能会有所缓解，但是焦点小组讨论所得出的结论并不能推广到更宽泛的领域。尽管如此，杜波夫认为，有研究总是聊胜于无，而且如果决策者愿意相信焦点小组的讨论结果并根据结果采取行动，却不愿意相信采用定量分析法分析出来的结果，那么我们不妨采用焦点小组访谈法。

同样地，确定一个决策的利益相关者，有助于我们确定该决策的输出和结果呈现形式。不同的人喜欢不同的结果呈现方式：有些人喜欢将结果以数字行列排序的方式呈现，有些人更喜欢以图形的形式呈现，还有些人则喜欢用文字描述数字。在相对较早的阶段，知晓这些不同的偏好是非常重要的。当然，如果分析结果不是给人类使用而是给计算机使用，而且越来越多的情况下决策是自动或半自动的，那么，考虑通过理想的视觉形式对分析结果进行呈现这个问题也就将变得毫无意义，因为对机器来说，你需要做的只是给它需要的数字。

特定的分析方法也能够让利益相关者参与整个分析过程。例如，在思科系统公司（Cisco Systems）有一个预测项目，证实通过使用统计方法可以大大提高预测的精准度（我们将在第 6 章末介绍这个案例的 6 个步骤）。虽然一些思科系统公司的管理者支持并看好这个项目，但还有一些管理者则怀疑更精准的预测是否可能。安妮·鲁宾逊（Anne Robinson）负责这个项目，她在这个项目上采用了比较灵活的方法，每隔几个星期就会分析出一些可交付成果，并将这些成果呈现给项目的利益相关者。这种更渐进的解决问题的方法有助于获得利益相关者的认可。最后，即使是持怀疑态度的管理者也能明确地看到，相比以前的非分析方法，新的预测方法能够对更多产品进行更精确、更快速的预测。

聚 焦

我们发现，在问题的识别阶段聚焦于基于分析结果制定的特定决策是非常有利的。聚焦决策有很多理由。第一，聚焦决策让所有的参与者认识到，制定决策就是定量分析的理由，定量分析不是一次毫无目的的实践；第二，聚焦于将制定的决策能帮助识别关键的利益相关者，关键的利益相关者是基于分析结果进行决策的个人或团体；第三，如果没有基于分析结果制定决策的展望，进行分析活动也许并不值得。

例如，迈克·汤普森（Mike Thompson）是分析服务公司第一分析（First Analytics）的负责人，他描述了他与某个客户的团队在问题识别阶段进行的一次会面。这个客户是一家连锁餐厅，餐厅高管认为，分析应该主要聚焦于产品的利润率。该餐厅高管希望，第一分析公司能够帮助餐厅确定菜单上的每一道菜能够产生多少利润。汤普森也同意聚焦决策的看法，所以他询问餐厅管理者，在分析得出每道菜的利润率之后，他们会制定什么样的决策。安静了很长一段时间之后，一位高管提出，首要的决策是决定是否要将这道菜从菜单上撤掉。然而，另一位高管指出，在过去的 20 年里，连锁餐厅还从未撤换过任何一道菜。在经过进一步的讨论之后，客户团队一致认为，也许分析应该聚焦的是菜单上每道菜的定价而不是利润率。“自从我们成立起，未曾调整过价格。”一位高管意识到。

你所说的是什么样的故事

一旦你已经决定好制定什么样的决策，就可以开始考虑如何为该决策提供答案或者见解了。我们将在第 3 章讲述如何用数据来讲故事，以及如何以最理想的方式将分析结果传达给非分析人士。这时候，你应该开始考虑你手上的是一个什么样的故事，以及如何讲述它，尽管这个故事的大量细节会在随后的分析过程中呈现出来。当然，**故事就是数字如何向人们传达分析结果**。至少有 6 类与定量分析相关的故事。下面会对每类故事进行描述，且每类会列举一两个案例。

犯罪现场调查（CSI）故事 |

一些定量分析就像是侦探小说式的电视节目：试图用定量分析的方式来解决业务问题。突然出现一些经营问题，这时数据被用来确认这些问题的本质和找出解决方案。这种情形通常不需要深层次的统计分析，仅仅需要好的数据和报告方式就足够了。在线交易经常会遇到这种情况，因为客户的点击率能够为分析活动提供大量数据。

犯罪现场调查故事方法的一个专家级人物是乔伊·麦基鲍（Joe Megibow），他是在线旅游公司艾派迪集团（Expedia）美国运营副总裁兼总经理。麦基鲍以前是一位网络分析专家，当然现在依然如此，不过他基于数据解决问题的方法已经为他带来了各种各样令人印象深刻的晋升。

艾派迪集团的许多调研都旨在了解在线销售额减少的背后缘由。一个特别的犯罪现场调查故事与酒店付款交易收入下降有关。数据分析表明，在一个客户选定了一家酒店、填写完旅游和账单信息，然后点击“立即购买”按钮之后，一定比例的销售交易并未成功完成。麦基鲍团队使用整个过程中网页访问者的访问情况数据和服务器的记录文件，调查出了交易失败的原因。

显然，处于客户名字下方的“公司名称”一栏是造成交易失败的原因。一些客户以为这个“公司名称”指的是给他们持有信用卡的银行的名字，而之后他们在账单地址栏内也填写了该银行的地址。因此，信用卡处理器无法正常处理交易，导致交易的失败。仅仅删除“公司名称”一栏就立即为艾派迪集团增加了 1 200 万美元的利润。麦基鲍说艾派迪集团已经研究了很多个犯罪现场调查似的故事，发现它们总是能带来巨大的经济收益。

有的时候，犯罪现场调查故事的确涉及更深层次的定量分析和统计分析。麦基鲍团队的一位分析师曾调查了客户的哪些点击会带动线上销售业绩的增长。这位分析师使用了 Cox 回归模型（Cox regression model），这种模型起初用于判断在经过一段特定的时间之后，哪些病人会死亡、哪些病人会存活下来。他进行的这项分析表明，之前相对更简单的模型完全无法正确体现哪些营销方法能够促成交易。麦基鲍评论说：在收入增长上，“我们还有很多认知盲区。”

尤里卡故事 |

尤里卡故事与犯罪现场调查故事相似，不同的一点是，它是一种解决特定问题的有目的的方法，以此检验组织战略或商业模型中进行的重大改变。久而久之，尤里卡故事通常会变成一个伴随着更深层次分析的更长的故事。有时候，尤里卡故事也涉及其他分析性故事类型，只是因为分析结果对于需要它们的企业而言是如此重要。

例如，再次回到艾派迪集团的案例上，一个尤里卡故事涉及从在线酒店、航班和汽车租赁预订中免去变更或取消费用。直到 2009 年，艾派迪集团和其竞争对手对客户的变更或取消行为整整收取了高达 30 美元的费用，这个数额甚至超过了酒店方要求的违约金。不过，因为从艾派迪集团和其他在线预订平台预订酒店明显比直接从酒店预订要便宜很多，所以客户愿意支付这笔变更或取消费用。

然而，到 2009 年，这项费用的收取很显然已经出现了弊端。艾派迪集团的酒店预订费已经接近酒店本身的收费，因此客户对艾派迪集团的主要诉求只剩下了便利，艾派迪集团收取变更和取消费用会导致客户的不便利。分析师查看了客户的满意度，发现支付了变更或取消费用的客户对网站的满意度特别低。艾派迪集团授权其电话客户服务中心的代表们免除客户的变更或取消费用，因为收取这笔费用对客户而言是致命的。在过去的三年里，免除这笔费用带来了两位数的营收增长。除非一场灾难性的疫情从天而降，否则客户很清楚他们能以这种方式把自己的钱收回来。

艾派迪集团的高管意识到市场已经发生了变化，但是变更和取消费用却成了一项巨大的收入来源。他们想知道，如果取消这项费用，交易转化率是否会提升。2009 年 4 月，他们宣布当月进行暂时性的免除变更和取消费用。这次免除有点像一个疯狂的科学家的实验故事，我们会在下文详细介绍。事实是，转化率立即得到了巨大提升。高管们认为，他们有足够的证据证明终止这项费用是合情合理的，且同行将会争相效仿。

位于西雅图一个小镇上的 Zillow 公司是一家发布居民房地产信息的公司。Zillow 也许算得上是最为定量分析高手所熟知的公司，究其原因就是其能够对房屋价值进行估算的独家算法“Zestimates”。但是，就像艾派迪集团一样，Zillow 公司的整个企业文化都是基于数据和分析，这一点也不奇怪，因为 Zillow 公司的创始人里奇 · 巴顿（Rich Barton）正是艾派迪集团的创始人。

一个与 Zillow 公司有关的尤里卡故事是，该公司通过与房地产代理商的关系来赚钱。2008 年，Zillow 公司开始和房地产代理商合作，在这之前它只聚焦于客户身上。代理相关业务模式的一个方面是有偿为代理商打广告并向它们提供线索。Zillow 公司向代理商收取线索费用，但在公司高管的眼里，每一条线索的价值却不足值。克洛伊 · 哈福德（Chloe Harford）是 Zillow 公司的高管，负责产品管理和产品战略。她着重于提出正确的模型，以增加线索的价值和优化线索的价格。

哈福德是火山学博士，专注于火山研究，她具备进行一些特别复杂的数学分析的能力。然而，她和同事起初只依赖于她所说的“餐巾纸数学”来探索其他能够产生更多线索和对线索进行优定价的方法。2010 年 4 月，Zillow 公司打造了一种新的特色，即有偿为代理商打广告，之后迅速被竞争者模仿。这种方式与以前相比，创造出了更多的客户联系，并且允许客户直接和代理商进行联系。Zillow 公司也向代理商介绍了一种复杂的算法，它能通过对转化率的评估，计算出线索的经济价值。竞争对手也会在某种程度上这样做，但算法复杂度也许不及 Zillow 公司的高。线索和对线索的定价是如此重要，以至于哈福德和其同事经常使用下面描述的疯狂科学家实验方式来测试不同的线索和对线索的定价方式。总之，Zillow 公司的尤里卡故事与它的商业模式和商业成绩紧密联系在一起。

疯狂科学家故事 |

在以科学为基础的行业，如医药行业，科学实验并不陌生。医药公司在实验测试组成员身上试验产品时，给对照组成员发放对照剂。医药公司会特别注意，确保被试随机分配到测试组或对照组，这样两组的人员配备就不会有很大的区别，否则可能会影响药效。这个实验方法是一个强有力的分析工具，因为它常常能够让我们接近事实的本源，在测试组进行测试的事物以因果关系的方式促成结果的出现。

现如今，严格的实验不再只是穿着白大褂的科学家的专属，而是每一家大型企业都能使用的分析工具。有大量可行的软件能引导管理者或分析师走完实验流程。现在的公司能基于真实、科学有效的实验做出重要决策。过去，任何进行随机实验（即我们在上文中提到的随机分配群组成员）的尝试都意味着使用或雇用一位统计学博士或“实验设计”专家。现在，在软件的帮助下，只要进行过定量培训的 MBA 就可以监督整个过程，软件可以帮助其确定所需群组的大小，测试组和对照组应选用场地的位置，以及任何来源于实验的变化是否在统计上是显著的。

疯狂科学家故事特别适合像零售商（它们有大量的商店）或银行（它们有大量的分支机构）一样的组织。因为这类组织能够很简单地在一些地方进行实验，然后把另外一些地方的商店、分支机构等当作对照组。同时，在网上进行实验也很简单，你只需给一部分客户发送网页的一个版本，给另一部分的客户发送另一个版本，然后观察结果是否会显著不同即可。这在网络分析领域被称为 A/B 测试。

以下是疯狂科学家故事的案例：

- **龙虾供应商会在雄狮食品（Food Lion）超市卖掉更多龙虾吗？**

  如果消费者已经在这家店购买过龙虾，而且相对更质优价廉，那么这个问题的答案显然就是“会的”；但是如果是一家从一开始就无法吸引消费者在这里购买龙虾的超市，那么这个问题的答案显然就是“不会”。

- **位于一家凯马特商场（Kmart）的西尔斯百货超市的销售额会比整个凯马特商场的销售额高吗？**

  西尔斯控股公司（Sears Holdings）主席埃迪·兰伯特（Eddie Lampert）非常热衷于进行随机测试，并且他已经对大量这样的组合进行了测试。虽然我们并不知道这个特定问题的答案，但我们猜想，如果答案是“是的”，那么西尔斯控股公司肯定会开更多这样的联合商店，而事实上，我们并没有看到更多的联合商店。

- **红龙虾餐馆（Red Lobster）的最佳销售是由饭店的低成本或中成本改造导致的，还是高成本改造导致的？应该主要关注外部还是内部改造？**

  据红龙虾的高管称，调查结果显示，中成本的内部改造能带来最佳的回报。外部改造能够帮助引入大量的新客户，但如果这些客户看到内部并没有一起改造，就不会成为回头客。

调查故事 |

调查是一种经典的定量分析方法。调查分析师观察那些已经发生或正在发生的现象。分析师不会试图控制结果，只是对结果进行观察、编码和分析。通常，调查者试图理解在调查中观察到的哪些特征或变量与其他的特征统计相关。最简单的例子是，如果我们询问特定产品的一批消费者关于他们的各种信息，包括性别、年龄等，如果我们同时还询问他们喜欢哪种产品，那么我们就能判断出男人是否比女人更喜欢某种产品，或者某种产品是否可能更受年轻人喜爱。

调查非常常见，且执行起来相当容易。然而，我们必须记住，基于调查基础上的调查结果和故事会因为问题提出的方式以及问题随时间的变动（可能不会改变）而出现相当大的变化。例如,美国人口普查局（US Census Bureau）已经对美国公民的种族问题调查了足足几十年，在普查中发现，种族的种类一直在增加，到 2010 年时，美国公民中已经有 15 个种族，包括“其他种族”一项。对人口超过 5 000 万的美国拉美裔公民而言,“其他种族”是一个颇受欢迎的选择，其中 1 800 万人选择加入“其他种族”。如果种族存在诸多混淆，想象一下针对诸如政治派别、宗教、社会态度和性行为等敏感问题，调查人员要进行定性分析会存在多大的困难。

我们也必须记住，虽然调查分析中的两个变量是相关的，但可能并不是因果相关。在第 5 章，我们将对这一问题进行更详细的阐述，在这里我们只是指出来，有可能存在你没有注意到的其他变量才是推动你所关注的现象产生的原因。

调查故事常常会包括人们的信仰和态度，并不针对人们自身。例如，以第二次世界大战期间进行的飞机调查为例，这个案例曾出现在一本经典的统计学教程中：

> 在第二次世界大战期间，军队需要让飞机尽可能多地处于运行状态，因此人们决定看看是否能在无风险的情况下减少极为耗时的引擎彻底检修。出乎所有人的意料，通过对毁坏的飞机进行的一次回顾性调查发现，在刚刚彻底检修之后，由于引擎问题引发的飞机毁坏是最频发的，而事实上，离彻底检修的时间越久，飞机毁坏的可能性越低。这个结果导致彻底检修间隔时间有了相当大的延长，这个结果还促使了检修方式的重大改变，彻底保证飞机上所有的螺丝、螺帽等被牢固地拧紧。

如果你计划去执行或分析一项调查计划，请确保已经对要调查的问题或者变量的意义进行过深思熟虑。一个关于人、情况或行为属性的任何可衡量的变量都有两个或多个值。性别、测试范围、室内温度、爱、幸福感和团队凝聚力就是关于变量的很好的例子。

同样重要的是，请确保调查样本能够代表你想要研究的人群。你怎样执行调查才能够影响样本。例如，如果你想调查年轻人群的态度或行为，就不要雇用一家只通过固定电话来接触样本的调查公司。使用固定电话进行调查是一种非常具有代表性的做法，但我们都知道，许多年轻人没有且根本没打算安一台固定电话。因此，仅通过固定电话来调查的样本将不具有代表性。

预测故事 |

预测故事是关于预测将来会发生什么的分析方式。因为获得有关未来的理想数据非常困难，所以采用以往数据和理解导致过去的事情发生的原因对定量分析而言具有非常直接的意义。这通常涉及预测分析或预测建模。

世间存在许多分析师能够构建的预测故事。以下是其中一些可能的情况，请注意它们有多特殊：

- **提供回复：**哪些消费者会在两个工作日内回复一封免运费的电子邮件，并购买 50 美元或价格更高的商品？
- **交叉销售 / 追加销售：**通过邮件推送，哪一位账户余额超过 2 000 美元的支票账户消费者会在 1 个月内回复邮件，并购买利率为 1.5% 的 1 年期定期存款服务？
- **员工流失率：**哪些在职超过 6 个月却没有签署 401 K 计划的员工会在接下来的 3 个月内辞职？

有很多其他预测分析的可能性。在经营活动中，预测的普遍方法是判断客户最有可能接受什么样的推荐。“下一个最好推荐”的分析越来越自动化，在客户看到推荐之前不需要人工介入，而客户能得到数百甚至数千个不同的推荐。

例如，微软公司拥有一种不可思议的能力，即为它的搜索引擎“必应”（Bing，使用必应是免费的，所以微软只需要设法让你去使用它）进行动态“推荐”。这个“推荐”会诱导你去使用必应，在你的浏览器上安装一个必应搜索条，使用一个特别的必应产品等，诸如此类。推荐的定制化服务基于各种各样的因素，包括你的位置、年龄、性别和最近的网络活动，这些因素能通过你的缓存或其他来源进行判断。如果你注册了 Microsoft Passport 程序，微软将获得关于你的更多信息，因此微软能够为你定制更加高效的推荐。当你在收件箱点击一个推荐时，得益于微软使用的 Infor Epiphany Interaction Advisor 软件，微软能立马向你发送一封定向电子邮件，仅需花费 200 毫秒。微软表示，这种定向推荐邮件的方式在提升转化率上效果极佳。

通常情况下，预测故事有点像钓鱼。我们不能准确地知道什么因素能够帮助我们预测，所以便尽量实验更多因素来观察到底哪些因素能够起作用。有时候，结果让人意想不到。例如，在我们刚刚描述的微软必应推荐中，你拥有的 Microsoft Messenger 好友数是用来预测你是否会使用必应搜索的一个好工具。

谷歌想预测什么样的员工品质预示着更高的绩效。一些分析显示，谷歌起初使用的大学成绩和面试评级都是非常糟糕的预测绩效的因素。既然谷歌不能确定哪些因素是重要的，于是要求员工做了一项包含 300 道题的调查。正如谷歌人力运营部主管拉斯洛 · 博克（Laszlo Bock）所指出的：“我们要撒下一张很宽的网。沿着这边的过道走，撞到狗是很正常的，也许养狗的人身上有一些特质能帮助我们进行预测。”

虽然把宠物带到工作场所并不能为预测工作奉献力量，但谷歌还是发现了一些意想不到的预测因子。例如，一个求职者是否创造了一项世界或国家纪录，或者创立了一家非营利性组织或俱乐部，这些都与高绩效密切相关。现在，谷歌在它的在线求职面试中，就会询问与经验相关的这类问题。

当然，如果预测因素根本没有任何意义，那么你最好重新检查你的数据和分析方法。但是事实上，在很多时候对一些数据进行考量的效果能够胜过一个未来主义者的预测。在这里需要提醒你的是，切记预测故事使用来自过去的数据预测未来。如果在你分析完之后，世界已经悄然发生变化，那么基于过去的数据进行的预测则可能会变得不再有效。

“情况是这样的”的故事

也许最常见的是仅仅使用数据说明发生了什么的故事。这种故事提供事实，例如，什么时候、在什么地点有多少产品被售出；上个季度财务完成了哪些目标；上一年我们雇用的员工死亡的有多少。因为这种故事是导向报告型的故事，常常不会使用复杂的数学计算，所以可能看起来很容易讲述。然而，在现今的组织中，数据的大量增加导致了基于数据的报告大幅度增加，因此，有时候你很难吸引到预期观众对你创作或发布的报告的注意。

这类故事非常适合信息的视觉展示。简单地说，如果你用数字行列来进行报告，很可能难以吸引到你想要的关注。现在，我们当中的许多人甚至厌倦了彩色图表的报告方式，虽然如此，但大多数人还是觉得彩色图表形式起码比一整页一整页的数字更值得一看。既然第 3 章是关于交流结果的，那么我们将在第 3 章讲述让这种类型的报告更有趣和更能吸引眼球的方法。

问题的范围 |

根据定义，一个数据驱动的故事和其背后的定量分析在范围上多少有一点狭隘，只是因为它要求收集数据并将数据应用到一个可检验的假设身上。如果问题很宽泛，数据收集就会变得非常困难。然而，在这一步，不要过早地限制问题或决策的范围是非常重要的。刚开始时，你应该开放性地思考问题，而且你的头脑中应该有一些可供选择的方向。例如，如果一家企业意识到在某个特定业务部门或业务区域存在绩效问题，那么企业应该开放性地设想各种各样的原因，从客户不满意到运营问题，再到产品或服务问题。

在本章末的全视线光学公司（Transitions Optical）的案例中，问题的识别和构建步骤是由一种模糊的感觉驱动的，即该公司认为，由于营销费用太高，决策构建被扩展到涉及整个光学市场营销费用水平和媒体使用的优化上。

我们已经把定量分析中的第一个步骤定义为问题识别，但它也能被定义为机会识别。约瑟夫·贾格尔（Joseph Jagger）是一位英国工程师，他发现，人们有机会在蒙特卡罗（Monte Carlo）大赌场赢得庄家的全部赌本。贾格尔在约克郡（Yorkshire）的棉花纺织业里获得了他的机械学实践经验。然后，他将机械学实践经验拓展到了赌博轮盘的表现上，并猜测赌博轮盘的结果并非绝对的随机顺序，而是机械的不平衡可能导致特定结果的偏差。如果他能在轮盘上发现能够为己所用的缺陷呢？于是，他来到摩纳哥检验自己的观点。

可检验的假设

- 按照客户上一年从我们这里购买的产品类型，给他 / 她发送电子邮件进行推荐是最理想的。客户也最有可能对这样的推荐做出积极的回应。
- 对一名处于知识型工作岗位上的员工会达到的绩效评级水平而言，受教育程度是一个良好的预测因素。
- 相比在其他时期标低售价，在假期来临前的一个星期内将售价标低 10% 的效果差很多。
- 为提升每周的销量，在零售店内对我们的产品进行货架两端展示是最有效的陈设方法。
- 就客户购买的产品而言，我们的客户能被清晰地划分为 4 类细分人群。
- 与经济萧条时期相比，在普通时期，我们对一类主要消费品进行提价更容易对需求造成影响。
- 针对已经集中了存货管理设备的业务部门来说，它们一般会在生产过程中维持更短的平均存货期。

在法国 / 欧洲的赌博轮盘上有 37 位数字：1 ~ 36，还有 0。每当轮盘旋转一次，每个数字在理论上出现的可能性都是 1/37。因此，在旋转很多次后，每一个组合数的比例都应该大致等于 1/37。贾格尔推断，如果轮盘存在机械不平衡的情况，那么这种不平衡将导致特定的数字出现的概率大大高于 1/37。

带着这些想法，在传奇的蒙特卡洛美术赌场（Beaux-Arts Casino），贾格尔雇用了6个人观察6个轮盘，每个人观察的轮盘各不相同，而且每一个人都用特定的指令来记录轮盘每一次旋转所产生的记录。贾格尔在分析记录结果时发现，其中的5个轮盘就像大家常想的一样产生的是随机结果。然而，在第6个轮盘上，他发现了9个特殊数字（7、8、9、19、22、28、29）出现的比例远远高于能够解释的随机出现的比例。因此，贾格尔得出结论，第6个轮盘存在偏差，即该轮盘不是完美平衡的。于是，在1875年7月7日，他进行了第一次赌博，且迅速赢得了一笔数额相当可观的金钱，也就是14 000法郎，这差不多相当于2012年的60倍，或者如果考虑到通货膨胀的话，这差不多是130多万美元。在知道贾格尔的赌博策略并最终宣布靠这种策略赌赢的情况无效之前，贾格尔已经赢得了一大笔钱，比600万美元还要多。这的确是一个机会！

关键是，知道你想要什么

虽然在问题识别阶段的早期，更广泛的思考是非常重要的，但到了末期，你将有必要对问题形成清晰的判断，对关键项目或你想要研究的变量有明确的定义。原因是：**在定量研究中，对事物的不同定义方法会对结果成生很大的影响**。例如，假设你是电视台的高管，对研究观众在观看哪个频道特别感兴趣，有两位分析顾问带着各自的问题解决方案找到了你。因为好玩，你决定同时雇用他们两个，以此来比较他俩的分析结果。

其中一位顾问建议，在为期一星期的时间内使用线上调查的方式或者使用纸质调查的方式，让观众记录下他们每天观看的频道以及观看的内容；另一位顾问建议，让受访者对他们在过去几个月内经常观看的电视频道进行排序。两个方案都有精心设计的调查样本，而且能代表目标群体。

虽然这两位顾问都在解决非常相似的问题，但很可能会得到不同的结果。那个建议观众记录每天观看的频道和内容的顾问很可能获得更加精确的结果，但是额外的记录负担很可能意味着调查样本的观众参与率会降低。尼尔森媒体研究（Nielsen Media Research）是一家不间断地对电视频道和节目进行监视的公司，它的记录是自动进行的，结果发现在某个时间段内，观众观看某频道或节目的退出率达到 50%。另外，这位顾问面临的另一个问题是，在这项调查进行的某个特定星期里，观众的观看模式可能会受到特定季节或这个星期各电视台所提供的特定节目的过度影响。

另一位顾问进行的调查研究很可能没有那么精确，但因为它覆盖了更长的时期，可能不会受到季节性因素的影响。最重要的是，两项调查的结果将很可能因为差距甚远而难以折中。这就是为什么说，在问题识别阶段就对你所要做的研究形成一个清晰的认识是非常重要的。

步骤 2　回顾之前的发现

一旦问题被识别，就应该对所有与之相关的之前的发现进行调查。回顾之前的发现仍然属于分析（构建问题）的第一阶段中的一个步骤，因为调查之前的发现能帮助分析师和决策者思考他们想解决的问题到目前为止是如何被构建的，以及这个问题可能以何种不同的方式被概念化。

2.回顾之前的发现

通常情况下，分析师会在回顾之前的发现时发现一些事情，这些事情的发现将促使分析师对问题识别阶段形成的认识进行大幅度的修改。反过来，这又将带来不同类型的发现。

在这个步骤，我们基本上会问："以前是否讲过相似的故事？"如果讲过，我们能从以前讲过的故事中为此次分析获得一些看法。回顾之前的发现能带来以下启发：

- 我们能讲述什么样的故事？这个故事是否与预测、报告、实验、调查相关？
- 我们更想找到何种类型的数据？
- 以前的变量是如何定义的？
- 我们更可能执行哪种分析？
- 我们如何用一种趣味横生、可能获得结果且与过去不一样的方式来讲故事？

定量分析和更宽泛的科学方法的一个关键特征是它们利用之前的研究和发现。例如，通过在书本、报告和文章中搜索出现过的与你想解决的问题相关的知识，对于理解问题的本质是非常重要的，甚至还有助于你识别相关变量和发现已识别的变量间的任何联系。

在任何给定的定量分析里，对所有之前的发现进行完整的回顾是必不可少的。你不能在分析中无中生有。也许你只有在对之前的发现进行了全面回顾之后，才真正开始进入解决问题的阶段。**记住一件事：你的问题不像你想的那样特殊，并且你正打算做的工作，有许多前人可能已经做过了。不要白费力气做无谓的重复性劳动，你所需要做的是搜索、搜索、再搜索。**通过使用一个像谷歌这样的搜索引擎，你能轻易地收集到与你的问题相关的尽可能多的材料。只需通过整理和评估材料，你就能识别出解决问题的潜在模型或方法。

回顾之前的发现做得很成功的一个案例发生在第二次世界大战期间。德军生产出了一款叫作 V-2 的威力巨大的新型火箭弹，以威胁伦敦市民的安全。在接下来的几个月里，至少有 3 172 枚 V-2 火箭弹遍布在各个同盟国国家中，其中的 1 358 枚投向伦敦地面，导致了约 7 250 名军人和平民的死亡。

在空袭伦敦期间，许多观察家坚称炸弹打到的各点是集群式分布的。英国人很想知道，德国人是有目标的炸弹攻击还是只是随机攻击。英国人认为，如果德国人只是随机攻击目标，那么部署在遍布全国的各种安全装备能够很好地保护国家，但如果德国人能够进行有目标的轰炸，那么英国人面临的是一个更强有力的对手。因此，在全国范围内部署的安全装备可能还不足以保护国家的安全。英国政府雇用了统计学家克拉克（R.D.Clarke）来解决这个问题。克拉克基于他对之前的发现或已存在的知识的回顾，实施了一个简单的统计分析。

克拉克意识到，泊松分布（Poisson distribution）可以用于分析这些炸弹的分布。如果事情以一个已知的平均概率发生，泊松分布就会解释这些事情发生在某段固定时期、固定区域或固定体积内的可能性。为了具体了解泊松分布，我们必须知道的一件事情就是事件发生的平均概率。如果炸弹是随机落下的，那么轰炸任何特定小区域的炸弹的数量会遵循泊松分布。例如，如果炸弹的平均轰炸数是每个区域 1 枚炸弹，那么只需把这些数字填写到泊松公式里，我们就可以轻松又精准地计算出没有炸弹轰炸的可能性，如 1 枚炸弹轰炸的可能性、2 枚炸弹轰炸的可能性、3 枚炸弹轰炸的可能性、4 枚炸弹轰炸的可能性和更多枚炸弹轰炸的可能性。

为了测算某一特定小区域可能受到多少枚炸弹的轰炸，克拉克把南伦敦划分为 576 个方块，每个方块为 0.25 平方公里大小，然后对飞过的炸弹按照 0、1、2、3 等进行计数。如果轰炸完全是随机的，那么每一个方块被 0、1、2、3 等炸弹轰炸的可能性将符合泊松分布。事实上，结果数据和泊松分布匹配得非常好，因此，它不支持集群分布的假设。克拉克的结论让英国人松了一口气。让人感到幸运的是，在 V-2 火箭弹造成更大破坏之前，德国在 1945 年投降了。尽管德国没能让导弹有效制导，但是火箭却成了美国太空计划的技术基础。

正如克拉克意识到的，落下的导弹的问题能够用泊松分布来描述时的所作所为一样，你在回顾之前的发现之后，可以回过头来重新审视问题识别的步骤。你可能会发现需要修改故事、问题范围、决策甚至是决策的利益相关者。如果你已经对这些进行了调整，或者如果你仍然满意起初对问题的定义，就可以认为你的问题已经构建好，然后继续往下走，采用定量分析方法来解决实际问题。

回顾之前的发现的一些方法

- 对与你的分析相关的关键术语做一次网上搜索。
- 查阅统计学教程，查找与你正打算进行的分析类似的分析。
- 与你们公司的分析师沟通，了解他们是否已经做过类似的事情。
- 如果你们公司有一个知识管理系统，就在系统里查一下与你的分析相关的知识。
- 与来自其他公司的分析师谈论这个问题，但注意不要与来自竞争对手公司的分析师谈论。
- 参加一个关于分析的会议或者至少收看会议直播，了解是否有其他人在讲与你的分析相关的话题。

构建问题

虽然我们已经把解决问题的分析过程以 3 个阶段 6 个步骤的线性方式进行了展示，但如果这个过程不具迭代性，它将毫无用处。分析过程中的每一步都对问题进行了新的阐述，对新掌握的知识进行思考以了解它如何让人们对先前的步骤有更深刻的认识，这往往是一个很好的想法。虽然你不能永远回顾走过的每一步，但花费一点时间回顾一下之前的发现以获得对问题构建的启示还是值得的。

接下来，问自己10个问题

你已经很好地构建问题了吗？如果是，那么你应该能明确地回答以下所有的或者起码是大多数问题：

- 你是否已经定义了一个清晰的问题或机会来解决企业里非常重要的问题？
- 你是否已经考虑了多种选择方式来解决问题？
- 你是否已经识别出这个问题的利益相关者，且针对这个问题你已经和这些利益相关者进行了广泛的交流？
- 你是否对你计划解决的问题和利益相关者产生共鸣，且对他们会使用问题的结果来制定决策拥有信心？
- 一旦问题被解决，将基于结果制定的决策的内容以及决策制定者是谁，你清楚吗？
- 刚开始时，你对问题是否有一个较广泛的定义，到后来缩小到一个需要解决、需要应用数据以及明确可能出现的结果的非常确切的问题？
- 在解决这个问题时，你能否描述出你想讲述的分析故事的类型？
- 有人能够帮助你完成这个特定类型的分析故事吗？
- 你已经在你的组织内部或外部进行系统的查阅，以了解是否存在与你想解决的问题相关的之前的发现或者经验了吗？

- 你是否基于回顾之前的发现所了解到的内容，对问题的定义进行了修正？

举一个很好的例子，拉玛·莱玛克里斯南是一个零售分析专家，他现在是一家初创公司 CQuotient 的 CEO，在他发表的博客中描述了一种适合构建问题的情形：

以直销中出现的“选定目标客户”的问题为例。选定目标客户就是决定应该给哪些客户发送邮件，因为给每位客户发邮件耗时耗力，所以只用给选定的目标客户发送邮件就可以了。这是一个被无数研究人员和从业人员研究过的古老问题。最常用的解决办法如下：

- 发送测试邮件给样本客户。
- 使用测试邮件的结果来建立一个“反应模型”，这个模型能够预测每一位客户对回复邮件的倾向，并将这个倾向作为客户特征、过去的历史等的一个函数。
- 使用这个模型给数据库中的每一位客户打分，然后给高分客户发送邮件。

这个模型看上去很合理，而且也正是企业所需的，但事实情况并非如此。

这个模型的名字叫作“回复模型”，从这个名字可以看出，企业通过发送邮件来引发客户回复邮件。事实上，客户可能已经到商店购买了企业想通过邮件来推荐的商品（我在这里针对的是那种销售渠道多样化的零售商，而不是非专营目录零售商。因为对于专营目录零售商来说，没有目录，客户也许根本就无法实现商品购买，因此专营目录零售商也许也不适用“回复”这个词）。

这些回复模型实际上所做的是要识别那些可能购买物品的客户，而不是识别那些可能因为收到邮件而去购买物品的客户。那么，问题就出在管理层真正想确定的也许正是后者。对那些要么一定要去购物，要么不管给他们发送什么都不会购物的客户来说，发送邮件就是浪费金钱，同时也潜在地消耗了客户的好感。企业真正想要识别的是那些如果给他们发送邮件就会来购物，而不发送邮件就不会来购物的客户。

这个确定目标客户的问题构建和解决这个问题的方法都是相对较新的。确定目标客户的新方法有很多：提升模型、净提升模型（相对于传统的回复模型），关于这个新模型的学术研究是非常少的。然而，对于许多零售商而言，与旧的方法相比，这是一个构建和确定目标客户的更中肯且更有用的方式。

在这个案例中，对之前的发现进行全面的回顾也许会揭示在提升模型、净提升模型上的最新研究，而这可能为问题的构建带来机遇。莱玛克里斯南建议在这些情况下使用相对更新的建模方法：“既然新问题在定义上没有获得足够的关注，简单的算法可能会迅速产生效果。”

我们将通过两个案例来结束对本章的构建问题的相关讨论，其中一个案例来自商业领域，另一个来自法律领域，在这两个案例中构建问题的阶段对结果至关重要。不过，其中一个是正确的构建案例，另一个是错误的建构案例。虽然构建问题阶段之外需采用的分析步骤你还未曾了解过，但我们相信你在这些案例中能够理解它们。

KEEPING
UP
WITH THE
QUANTS
分析性思维实例

营销中哪一分钱花得最值得

商业领域存在的一个最普遍的分析性问题是，确定一个特定行为的花费应该是多少。另外，确定营销费用也是一项特别困难的决策。百货商店之父约翰·沃纳梅克（John Wanamaker）以及在他之前的一些欧洲零售商，因为一句名言而赫赫有名："我知道花费在广告上的投入有一半是无用的，但问题是我不知道是哪一半。"然而，现在企业能使用定量分析来找出哪些营销费用是有用的，哪些是无用的，以及哪部分是最有效的。这通常被称为营销组合分析，这种分析越来越受到销售型公司的欢迎。

识别与构建问题。全视线光学公司为眼镜提供变色镜片，不过在营销支出方面受到了来自母公司的压力（全视线光学公司由 PPG 和法国依视路公司［Essilor］共同所有），特别是 PPG 不是从事客户营销的公司，所以这家母公司非常怀疑在广告和促销上的花费是否值得。母公司还针对特定的广告和营销活动是否有效地提出了具体的质疑。虽然整体给人的感觉就是，全视线光学公司的营销支出过多，但没有实际的数据来回答营销支出的最佳水平是什么这个问题。全视线光学公司的高管决定以让投入的金钱最大化地带动销售增长的方式，来构建一个优化营销支出和营销方法的问题。据当时的市场营销主管格雷迪·伦斯基（Grady Lenski）说："当时在进行营销决策时，我们严重依赖于感觉，因此我们需要更多理智和科学的概念。"

回顾之前的发现。在这个问题上不存在已有的发现。虽然全视线光学公司拥有能够让对这个问题的分析成为可能的客户数据，但这些客户数据分散在公司的各个部门。伦斯基和一些同事意识到，虽然分析不同营销方式的有效性是可能的，但他们并不清楚不同营销方式的细节情况。

建模（选择变量）。营销组合优化模型涉及营销反应、营销成本和产品利润率等变量，它可以用来优化营销开支，所以越来越受到大企业的青睐。营销组合优化模型使用线性的和非线性的程序方法找出能最大化收入、利润率或者两者的周度或月度广告、促销和定价水平，也能判断出哪些特定的广告媒体对于最大化收入、利润率或者两者是最有效的；而且，这一模型通常还包含可能影响客户开支和购买行为的一系列"控制"变量，比如天气和宏观经济数据。

收集数据。对全视线光学公司而言，这是分析工作最难的地方之一，因为公司是和中间商合作（比如光学实验室），所以在过去与终端客户接触甚少。因此，它无法精确地测算客户是否看到了广告或者广告是否确实带来了销售额的提升。全视线光学公司开始了多年的努力，从其渠道合作伙伴（有些是其母公司的竞争对手）处收集终端客户数据。因为伦斯基曾是零售渠道部的主管，所以他相对轻松地收集到了这些信息。全视线光学公司收集进来的客户数据有 30 种不同的格式，公司最终把它们放入了一个整合的数据库中以供分析。伦斯基认为，市场营销部门也需要说服全视线光学公司的其他部门来提供数据。在没有数据库的情况下，全视线光学公司进行了第一次分析。

分析数据。全视线光学公司雇用了一位外部顾问来进行数据分析，因为公司内部没有熟悉营销组合优化模型的人。这次分析最初花费了几个月的时间，因为必须收集数据，而且模型需要排除对任何营销策略都会有反应的大量其他解释性因素，包括天气、竞争对手的市场营销等。由于模型已经成型和日渐完善，最终的确立只需几天就能完成。

传达结果并采取行动。全视线光学公司认为，解释和展示结果非常重要，需要公司内部具备这个能力，于是它雇用了内部员工来完成它。内部专家从外部顾问处获取模型，然后和高管讨论并判断模型带来的启发，接着将这些启发与他们自身对市场的直觉进行整合。总体来说，这些结果导致全视线光学公司在营销上的花费被进一步拔高，特别是在电视广告上。

证人与柯林斯夫妇案

证人和柯林斯夫妇案是加利福尼亚州的陪审团以在法庭上错误地使用数学和概率论而臭名昭著的典型案例，正是错误地构建问题导致了糟糕的结果。

陪审团认定被告马尔科姆 · 柯林斯（Malcolm Collins）和他的妻子珍妮

特·柯林斯（Janet Collins）犯二度抢劫罪。丈夫对判决提出上诉，最终加州最高法院推翻了有罪判决，批评了统计推理的使用并禁止陪审团使用该决策方式。我们将在 6 步框架内检验这个案例。

识别问题。事发前，朱厄妮塔·布鲁克斯女士（Juanita Brooks）在圣佩德罗（San Pedro）沿着一条小路走着，她正要去购物。突然，她被一个从未见过的人推倒在地，被撞得头脑发晕，还有一些疼痛。紧接着，布鲁克斯女士发现她的钱包不见了，里面装有 35～40 美元。这个抢劫案的一名证人说，行凶者是一名留着络腮胡的黑人男性和一名扎着马尾辫的金发白人女性。他们驾驶着一辆黄色小轿车逃跑了。在为期 7 天的审讯中，原告在确定犯罪行凶者的身份上存在困难。受害人无法证实珍妮特·柯林斯的身份，且没有看见行凶者，而由证人提供的身份证明又不够充分。也许是，原告也想不顾一切地赢得诉讼，所以决心帮助陪审团确定被控的两人与证人的描述相匹配的概率。

回顾之前的发现。大家都认可的是，法院通常能够分清楚法律学和数学之间没有什么内在的不相容，且对于将数学作为一个发现法律事实的方法并没什么异议。在一些犯罪案例中，原告就使用了数学概率作为证据，而这就是上述所说的法律也认可数学作为发现法律事实的方法之一的佐证。

建模（选择变量）。由原告建议的模型是被控的两人与证人的描述相匹配的概率。

收集（测量）数据。原告打电话叫来一位加州州立大学的数学讲师作证。作为证人的证词，这位数学讲师表示陪审团可以估算出如下罪犯和罪行的特征的匹配概率：

有胡须的黑人　　1/10

有小胡子的男性　　1/4

扎马尾辫的白人女性　　1/10

金色头发的白人女性　　1/3

黄色机动车　　1/10

跨种族夫妇在车内　　1/10

分析数据。数学讲师表示，当事件独立发生时，它们同时发生的概率为它们各自概率的乘积。

P（A）= 被控两人匹配证人描述的概率

=1/10 * 1/4 * 1/10 * 1/3 * 1/10 * 1/10 000

=1/120 000 000，即 1/1 200 万。

传达结果并采取行动。原告得出的概率是任何一对有两名被告这样特征的夫妇只有 1/1 200 万的可能性。相应地，通过这个理论，被告有且只有 1/1 200 万的可能性是无辜的。陪审团据此进行了有罪判决。

柯林斯夫妇对该判决提出上诉请求。加州最高法院认为，毫无疑问，陪审团成员被数学实证过度影响，没能评估数学实证的关联性和价值。因此，法院撤销了定罪，批评了统计推理的使用并禁止陪审团使用该决策方式。最高法院指出，数学家的证据里显示了两个非常重要的缺陷。第一，无论这个方法表现得多有效，原告都不能提供任何证据，因此无论如何这个方法并不能提供任何证据；第二，原告的方法中还有一个明显的缺陷：被告作为证据的 6 个因素的统计学独立性不能得到充分证明，例如，留着胡须的男性通常会留小胡子。

更重要的是，原告错误地构建了这个案件和证据。即便原告的结论在算数上是精确的，但并不能由此认定柯林斯夫妇是罪犯。这种统计应用在一个决定性的问题上完全没有指导意义：虽然在地球上显然没有几对这样的夫妇能被人们遇上，但如果遇上的话，就能证明他们就是罪犯吗?

这个案件中的相关变量不是被控告的夫妇与证人的描述的匹配概率，而是存在其他夫妇与证人的描述相匹配的概率，因为被控告的夫妇已经与证人的描述相匹配了。根据洛杉矶地区夫妇准确的数量，至少还有其他一对夫妇与描述相匹配的概率可能高达 40%。因此，原告的计算确定柯林斯夫妇就是证人所描述的这对夫妇，这远超出了合理的怀疑范围。这意味着很可能这个地区包括不止一对柯林斯这样的夫妇，也有可能证人在抢劫案中看到的是另一对夫妇而不是柯林斯夫妇。

在对包括证据在内的整个案件的情况进行复审之后，最高法院判定针对被告的判决必须撤销。

糟糕的问题构建无疑会导致糟糕的决策。

KEEPING
UP
WITH THE
QUANTS

02

阶段二：解决问题

数据分析的核心

许多人把“解决问题”的阶段当作定量分析的核心。当你处于这个阶段时，至少在某种程度上，你的定量分析过程已经完成，而问题已经得到了“解决”。当然，解决问题是一项非常重要的活动。不过，与构建问题阶段或交流阶段相比，解决问题是一项更结构化且定义明确的活动。如果你不具备超凡的数学或统计学才能，那么委托给具备这一能力的人来进行是不二选择。然而，无论你是否亲自上阵，了解解决问题的 3 个阶段都对你大有裨益。

在此，我们不妨提一下这 3 个阶段的顺序，也许也于你有益。我们会描述一个被假设驱动的分析过程，从构建问题的步骤开始，再接着进行建模和选择变量（解决问题的第一个步骤，数据中正在发生的事情的假设被不断完善），然后，分析师收集数据并解决问题。所有步骤都受到关于世界如何运作的理解或猜想的指引，然后数据分析阶段会证实这个理解或猜想的正确度几何。

如何找到一名分析师

如果你需要一位分析师来帮助你解决问题，这里有一些方法：

- 如果你受雇于一家大公司，那么你很可能有一些分析师的招聘资源。你可以在如市场调查、商业智能或者运营部这样的地方寻找到你所需要的分析师。
- 如果你没有这些资源，那么你也可以向大量的分析顾问求助。你可以在网上搜索“商业分析顾问”，或者查看 KDnuggets 官方调查中的有用信息（http://www.kdnuggets.com/companies/consulting.html）。
- 如果你想找一些境外的分析顾问，那么最好去印度寻找；找一些这类数据分析公司，例如“大数据”分析巨头 Mu Sigma、Fractal Analytics 和 Genpact。
- 你也可能在当地的大学找到一些定量分析教授或者毕业生，比如给统计系的系主任办公室打电话试试。
- 如果你想雇别人来做这件事，那么也有相关的网站，例如，招聘网 Simply Hired 上有大量的“定量分析师”在等候，而 analyticrecruiting.com 侧重于招募统计学家；还有猎头公司，比如在招募定量分析人才上有几十年经验的 Smith Hanley Associates 公司。

不可否认，有一些分析流程并不是由预先假设来驱动的。在数据挖掘和机器学习（软件会以一种自动和快速扩散的方式找到最佳的匹配方案）的过程中，分析师只要将数据输入分析软件，然后软件就会开始自动寻找模式。当分析师设法解释和交流结果时，各种假设便会接踵而至。

我们并不是由假设驱动方法的“死忠粉”，事实上我们认为这种方法常常会引出无法解释的发现。因为没有分析师试图使用数据来证实自己对世界运行原理的理解，所以没有分析师热衷于向其他人解释数据分析的结果，或者说服其他人基于这些分析做出不同决策。然而，在特定情况下，使用这些“黑匣子”进行分析，能够极大地提高分析师的效率和生产力。在大数据的场景下，因为大量数据会持续不断地涌现，所以人们并不总是能在筛选数据之前提出假设。以在出版商的网站上投放数字广告为例，一秒钟之内的自动决策系统必须做出成千上万种决策，并且进行这项广告投放工作的公司必须每周产生几千种统计模型。显然，这种分析不会涉及大量的人类假设和基于结果的反应，这时机器学习是完全必要的。但是在大多数情况下，我们建议人们进行由假设驱动的分析，并遵循相关步骤以及顺序。

步骤 3　每当你建立一个模型时，就必须简化它

模型是某个现象或问题的一种有目的性的简化呈现。“有目的性”的意思是，这个模型是为解决特定的问题而专门建立的。“简化”是要我们必须舍弃所有非必须的和无关紧要的细节，并保留最重要的、最有效的、最关键的且会造成影响的特征。这类变量选择的描述如下：

> 一个模型就像一幅讽刺画。讽刺画会选中某个特征（鼻子、笑容或者一缕头发），并且在牺牲其他特征的情况下重点描绘这一特征。只有这些特征被有目的且有效地选中来描绘的讽刺画才可以被称为一幅好的讽刺画。同样地，一个模型会侧重于现实世界的某些特定特征。每当你建立一个模型时，都必须是有选择性的。你必须识别现实世界中与这个模型相关的因素，并忽略其他不相关的因素。你必须建立一个简化的模型世界，它能让你聚焦于当下设法解决的问题。

这一切都说明：模型并不是完全精准的。事实上，著名的统计学家乔治·博克斯（George Box）曾经说过："所有的模型都是错的，但有些却是有用的。"当然，关键在于判断什么时候模型是有用的，以及什么时候模型会对现实世界产生重大的影响。我们将在第 4 章中讲述这个问题，但是存在一个关键因素，它决定了哪些变量会被包含在模型中，而哪些变量会被排除在外。

你如何选择变量？它们又可能会如何关联起来？目前，我们的答案还是主观性的。假设你是在早期讲述的关于分析的故事，关于哪些变量对你的模型来说真正重要，其实只是简单的、有根据的推测。**在这个阶段，建立模型需要使用逻辑、经验和之前的发现来假设你的独立变量，以及你设法预测或解释的问题，还有会对这个问题产生影响的独立变量。**当然，随后你会检验自己的假设。这就是在决策制定上，分析性思维和其他像直觉一样更不精确的思维方式之间的区别——分析性思维是由假设驱动的更精确的思维方式。

3.建模或选择变量

如果你是一位设法预测家庭收入（独立变量）的社会科学家，那么你可能会假定自己模型中的独立变量包括年龄、受教育程度、婚姻状况以及家庭成员中全职员工的数量。这些因素只有在它们能代表收入差异时才有意义。随后，在定量分析过程中（特别是在数据分析阶段），你可能会发现模型匹配得并不是特别好，此时你就将必须回到起步阶段，并重新考虑一些你能够收集到的相关数据的新变量。

即使是高度主观性的模型和变量也有助于揭示问题。比如，擅长以趣味笔法撰写科普书籍的大众极客文化作家加斯·桑顿姆（Garth Sundem）就通过使用一些主观却非常有用的变量解决了各种各样的生活问题。他关注的问题之一是，你应不应该养宠物？如果应该的话，你该养一只什么样的宠物？

思考一下，在你决定养一只什么样的宠物的过程中必须考虑的变量。桑顿姆选择了以下这些变量：

- 你的生命中需要更多的爱（D）（1～10，其中10代表“白天的工作就像坐牢一样；晚上是让美国人闻风丧胆的美国国税局IRS”）。
- 你平时的责任感水平（R）（1～10，其中1代表“你相信税务、孩子们和日程不需要你管，能够自己管好自己”）。
- 在过去的6个月中旅行的最长天数（T）。
- 以小时计算，你每天有多少额外的时间（H）。

- 你对其他生物的恶作剧的容忍度（M）（1～10，其中1代表你像只想把小狗身上的皮毛剥下来做皮草大衣的库伊拉·德维尔［Cruella De Vil］一样，只想着把动物们物尽其用，10代表你像约翰·杜拉德［Dr. Doolittle］医生一样真正地热爱动物）。
- 你的培养能力（N）（1～10，其中1代表“我把仙人掌养死了”）。

这些变量毫无疑问是主观性的，但是它们也可能是有用且有趣的。桑顿姆编写了以下这个公式，它能得出决定你是否应该饲养宠物的 F_{ido} 指数：

$$F_{ido}=\frac{(M+N)^{\sqrt{D}}+HR}{8T^2}$$

这个公式中最重要的一项是，你的生活中需要更多的爱（D），它能提高 F_{ido} 指数。如果你有一些额外的时间（H）来陪伴宠物，而且你是一个非常负责任的人（R），那么这就是个好现象。这两个变量同样能交互提高 F_{ido} 指数。然而，如果你旅游的时间很长，你的 F_{ido} 指数将急剧下降。桑顿姆会根据你的情况，建议你饲养以下宠物：

- 如果你的 F_{ido} 指数小于1，那么对你来说，养只海猴子都太难为你了。
- 如果你的 F_{ido} 指数介于1～2之间，那么你应该养一条金鱼。
- 如果你的 F_{ido} 指数介于2～3之间，那么你应该养一只猫。
- 如果你的 F_{ido} 指数远大于3，那么你应该养一只狗。

金镇浩用这个公式算出了他自己的 F_{ido} 指数——他的 F_{ido} 指数是0.7，这意味着对他来说，怕是连一盆仙人掌都养不活。虽然有人可能会质疑是否养宠物，根本没必要用到如此精准的定量分析，但是这个案例的确证明：**即便是相当琐碎、高度主观性的决策也能通过定量和建模的方式来进行分析。**

哪些变量被舍弃以及哪些变量被保留，取决于模型的目的和变量是否与问题的解决直接相关。比如，如果你在画一幅纽约市的地图，那么地域之间的距离至关重要，必须按照实际的尺寸进行等比例缩小。但是，如果你在画一幅纽约市的地铁地图，那么站与站之间的距离则没有必要非得按照实际的尺寸进行等比例缩小。因为地铁地图只需要告诉你从你目前所在的位置到目的地怎么走就可以了。

能够说明变量选择的重要性的一个极好的案例（以及说明回顾之前的发现的重要性）就是，一场关于 1861 年出版的一系列信件是否为马克·吐温所写的争论。那一年，《新奥尔良新月日报》（*New Orleans Daily Crescent*）上刊登了 10 封标有“昆塔斯·库尔修斯·史诺德（Quintus Curtius Snodgrass, 简称 QCS）”之名的信件。在这些信件中，QCS 描述了他在“路易斯安那州警卫队高老列兵营”服役时的历险经验。最初出版时，这些 QCS 的信件并没有获得太多关注，直到 1934 年，米妮·布拉希尔（Minnie Brashear）在《密苏里州的天之骄子——马克·吐温》（*Mark Twain, Son of Missouri*）一书中重版了其中的一封信，并描述了其他三封后，这些信件才在距离它们首次曝光 73 年之后，第一次以“马克·吐温”之名呈现在大众面前。米妮·布拉希尔在她的书中辩称：“这些 QCS 的信件极其重要，它们在马克·吐温成为一位幽默家的成长历程中是一个关键的过渡期；它们应该被视为马克·吐温的亲笔信；而这些信件在文体上的变化反映了一个初出茅庐的作家正朝着更偏意识流的文学方向努力。”

剩下的 6 封信件被欧内斯特·利西（Ernest Leisy）发现并于 1946 年出版。利西通过仔细研究这些信件和马克·吐温的相关资料给出了最有力的证明，那就是这些信件是马克·吐温的亲笔信，但是其他研究者仍认为这些标有 QCS 的信件并非马克·吐温所作。

对于莎士比亚的作品是否全出自他本人这个问题，基于之前的研究发现，托马斯·门德霍尔（Thomas Mendenhall）在 20 世纪之初发表了两篇文章，详细地描述了他如何使用统计学方法处理原作者存在争议的情况。克劳德·布雷格（Claude Brinegar）是石油公司的高管，他有着高学历且业余时间里爱好收集马克·吐温的初版作品，他在回顾了之前的发现之后，采用了门德霍尔的方法来判断 QCS 的信件是否为马克·吐温所作。门德霍尔所提出的这种方法后来被称为文体学（stylometry），或者被视为对写作风格的定量分析。

这个方法假定，至少从长远来说，每一位作家都会无意识地在文中保留自己用词和写作的基本风格。从定量分析的角度来说，这意味着在写作中各种长度的词语的使用将在所有作品中保持相当的比例。如果两组作品中各种长度的词语的使用比例存在很大的不同，那么就会被视为“两组作品并非出自一人之手”的有力证据。因此，在此次分析中，变量选择基本上是对 QCS 的信件中词语长度的测算，以及将 QCS 的信件中词语的长度与马克·吐温作品中的词语长度进行比较。

然后，布雷格对 QCS 的信件和马克·吐温的作品进行了拟合优度检验，以判断两组作品是否都是出自马克·吐温之手。布雷格的检验结果表明，两组作品中的词语长度比例相差很大，也不能归因于随机波动，所以，这些信件并非马克·吐温所作。

随后，我们将对文本分析进行更详细的讲述（与数据分析相反）。但是请注意，在布雷格的研究中，文本在分析过程中实际已被转换成了数字。

步骤 4　收集与测量数据

4.收集数据

现在，让我们进入下一阶段，即收集并测量选定的变量。测量变量就是划定变量的数值，而数值就是数字的集合。有各种各样的方法可用于测量变量。已识别的问题首先是通过一个建模过程整理成关键变量，然后关键变量在经过测量后转变为数据。当然，你收集到的数据应该由你在之前的步骤里已经识别的变量来驱动。

KEEPING UP WITH THE QUANTS

人人都是分析师

测量变量的三大方法

测量变量的三种方式为：

- 二元变量：这种变量只有两个值，并且根据统计分析的目的，通常最好是把它们身上存在或缺失某种东西的值定义为 1 或 0。这样的例子可以是你要么是女性要么是男性（没有女性特征被记录为 0，女性则被记录为 1），或者你是否是美国公民。

- 分类（或者称为名义）变量：对于这种变量的值，存在多种可能的分类，比如眼睛的颜色、冰激凌的口味，以及你居住在哪个州或省。因为这些因素很难被转变成增加或减少会产生意义差别的数字，所以针对分类数据有一类特殊的统计数据。
- 序变量：这些变量有一些分配给它们的数字，并且数字越大就意味着相应的变量存在的越多。然而，1 和 2 之间的差别可能与 5 和 6 之间的差别不尽相同。序变量的典型例子是利克特选项（Likert item），它是以社会学家伦西斯·利克特（Rensis Likert）的名字命名的。利克特选项通常是关于调查受访者的反应，包括非常不同意、比较不同意、既不同意也不反对、比较同意和非常同意五种选项。当多个这样的序变量被结合到一起时，结果变量就被称为利克特量表（Likert scale）。
- 数值（间隔和比率）变量：这些变量拥有标准的数值单位，比如以磅或千克计量的重量，或以英尺或厘米计量的高度。数值越大就意味着相应的变量存在的越多。另外，数值变量非常适用于像相关分析和回归分析这样的普通统计方法。

如果你正在收集的变量常被其他人（这个应该在回顾之前的发现这个步骤中就会知道）测量和分析，那么这个步骤对你而言将会非常简单，因为你可以直接借鉴他们的测量方法。然而，在一些特定情况下，你将不得不对这些变量进行首次测量。在变量选择的过程中，即使是非常主观的因素也能通过系统的方法进行测量。

例如，假设你是一位研究热门话题（起码通过电视广告来判断的话，是热门话题无疑）——勃起功能障碍（erectile dysfunction, ED）的研究人员。那么你是幸运的，因为在这个领域早已有一种广为接受的测量方法。可是，假如你是这个领域的早期研究者之一，那么你就必须开发自己的测量方法。

在 20 世纪 90 年代，卢森（R. C. Rosen）和他的同事一起开发了一个测量勃起功能的简单、可靠的自助方法，测量勃起功能障碍患者发生与治疗相关的改变的敏感性和特异性。勃起功能障碍属于一种主观性的情况，医生无法进行客观的诊断检验，这让医生很难做出准确的诊断。所以，卢森和他的同事们设置了一套用于诊断勃起功能障碍的关键变量：

- 勃起信心；
- 勃起硬度；
- 持续频率；
- 持续能力；
- 满意度。

如表 2-1 中所示，卢森和他的同事们对每一个变量都进行了测量。

如果你很好奇这些问题是如何被转变成一种诊断行为的，那么我可以告诉你：医生可以根据得出的分数进行诊断，分数范围为 5 ~ 25 分之间。

表 2-1 在诊断勃起功能障碍中的关键变量

在过去的 6 个月里					
1. 对阴茎勃起及维持勃起的信心评级如何?	非常低 1	低 2	中等 3	高 4	非常高 5
2. 当你因为接收到性刺激而勃起时，勃起硬度足够支撑性交的频率是多少?	几乎没有 / 没有 1	很少的时候（远低于一半的时间） 2	偶尔（约一半的时间） 3	多数时候（超过一半的时间） 4	几乎总是 / 总是 5
3. 性交时，在阴茎插入阴道之后还能保持勃起的频率是多少?	几乎没有 / 没有 1	很少的时候（远低于一半的时间） 2	偶尔（约一半的时间） 3	多数时候（超过一半的时间） 4	几乎总是 / 总是 5
4. 在性交的时候，保持阴茎勃起到性交完毕有多困难?	极其难 1	非常难 2	难 3	有一点难 4	不难 5
5. 尝试性交时，你常感到满意吗?	几乎没有 / 没有 1	很少的时候（远低于一半的时间） 2	偶尔（约一半的时间） 3	多数时候（超过一半的时间） 4	几乎总是 / 总是 5

基于各项得分相加，勃起功能障碍被分成五级：严重 ED（5～7 分）；中度 ED（8～11 分）；轻度 ED 到中度 ED（12～16 分）；轻度 ED（17～21 分）；勃起功能正常（22～25 分）。这个用于快速自行诊断勃起功能障碍的工具被称为国际勃起功能障碍问卷表 -5（IIEF-5），它展示了针对一个主观性话题，我们能够如何收集数据并进行分析。

不管你拥有什么数据，你总是可以获得更多的数据，或者获得与你最初用于考量问题的数据不同的数据。拉玛 · 拉梅克里斯南是我们在第 1 章中提过的具有天赋的定量分析师，他描述了一种改善博客帖子中的分析性影响的方法："获取更好的数据是我的最爱之一。"**不是更多的数据，而是有别于到目前为止用来解决问题的数据**。如果你已经使用了人口统计数据，那么增加购买数据；如果你两者都有，那么增加浏览数据；如果你有数值数据，那么增加文本数据（在之前的工作中，通过使用传统的零售数据和促销数据辅以文本数据来为客户建模以及提供个性化服务，我们取得了非常喜人的成果）。

阿纳德 · 拉贾拉曼（Anand Rajaraman）是数据挖掘领域的专家，他也发表博文谈论了通过增加新的数据源来改善分析的重要性。

> 当我在斯坦福大学教授数据挖掘课程时，我们班上的学生有望进行一些不同凡响的数据挖掘项目。许多学生选择在奈飞的挑战项目上一试身手：设计一个电影推荐算法，这个算法要优于奈飞自己开发的推荐算法。
>
> 比赛是这样的：奈飞会提供一个非常大的数据集，这个数据集

能告诉你约 50 万观众是如何对 18 000 部电影进行评级的。基于已知的评级，奈飞要求你预测出这些用户会对未进行评级的电影给出什么样的评级。第一支在精确度上以一定的优势打败奈飞算法的参赛队伍将获得 100 万美元的奖励！

我班上的学生组成了许多支队伍，他们采用了各不相同的方法来解决这个问题，既借用了公开的算法，也融入了新点子。其中有两支队伍的结果阐述了更广泛的观点。A 队基于奈飞提供的数据提出了一个非常复杂的算法；B 队则提出了非常简单的算法，但是他们在奈飞的数据集之外增加了其他数据——来自互联网电影数据库（The Internet Movie Database，简称 IMDB）中的关于电影类型的信息。猜猜看哪支队伍的表现更胜一筹？B 队获得的结果优势明显，差不多是奈飞排行榜上的最佳结果！

拉贾拉曼也曾在我们上文中提到的同一篇博文中指出，区别谷歌搜索和先前的搜索服务的最主要因素是一个新的数据源——超文本链接，因为先前的搜索引擎只使用了网页文本。在谷歌非常赚钱的“关键词竞价广告”（AdWords）的广告算法中，它同样增加了一些同期没有其他人使用的额外信息：与每一个广告者的广告点击率相关的信息。

拉贾拉曼和拉梅克里斯南认为，几乎在任何时候，更多和更好的数据一定胜过一个更好的算法。虽然他们参考的是在线和零售业务的情况，但是很多案例都能证实：相比精确的算法，与众不同的数据更占优势。达里尔·默雷（Daryl Morey）是 NBA 休斯敦火箭队（Houston Rockets）的总经理，他是在职业篮球中最具分析性思维的管理者（我们将在第 5

章中详细描述他的工作）。他认为：“真正的优势来源于与众不同的数据。”并且，基于此观念，他雇用了一批分析师对 NBA 每一场比赛中双方队员的移动防守情况进行了归类。默雷也是 NBA 的领导者中最先开始分析大量的比赛视频的人。在保险行业中，区分美国前进保险公司（Progressive Insurance）和众多没那么具有分析性的汽车保险公司的是，它所掌握的与众不同的数据：前进保险公司最先将 FICO 信用得分（我会在第 4 章的一个案例中对其进行描述）作为变量引入了保险定价模型中，并且和它的竞争者相比，前进保险公司长期使用更多的变量和数据来分析客户风险以及为客户进行保险定价。前进保险公司还最先采用了收集客户驾驶行为数据的方式（当然是在取得客户同意的前提之下），在一个被称为“快照”（Snapshot）的项目中基于客户的实际驾驶行为进行保险定价。虽然你可能不想告诉保险公司你是如何驾驶的，但是如果你是一名谨慎的驾驶员，那么你将获得更低的保险费率。

二手数据的价值

许多分析师会自己收集数据，然后进行分析，但是有时候，你也可以使用别人收集的数据（即二手数据）。**二手数据的使用为分析师省下了那些可能花费在重复收集相同数据之上的时间。**二手数据的一般来源包括人口普查、调查、企业记录等相关信息。目前，世界上有大量的二手数据，而且这些数据正静待分析。

有时候，二手数据被用来创造非常重要的结果。例如，约翰尼斯·开普勒（Johannes Kepler）的天文学成果的取得就在一定程度上归功于二手数据的取得。虽然出生于深陷困境中的贫寒家庭，但开普勒却幸运地获得了非常精确的二手数据，这些数据是几十年来前人小心积累的关于天体运动的数据。凭借运气以及出众的数学天赋，开普勒解开了星球的奥秘。

开普勒的数据主要是由第谷·布拉赫（Tycho Brahe）收集的，他是一位丹麦贵族，同时也是一位睿智的天文学家，因为设计出了在望远镜发明之前最精确的天文观测设备，他实现了同时期最为精确的天文观测。在丹麦王室慷慨的支持下，第谷建立了一个叫作天堡（Uraniborg）的天文台，这个天文台是欧洲最好的天文台。第谷设计并制造了新的观测设备，对其进行校准并开始了 20 多年的严谨的夜间观测。

1600 年，第谷邀请了一个天资聪颖但贫困的教师，即开普勒担任他的助手。开普勒和第谷的相处并不愉快，因为他们的身世背景和个性相去甚远。第谷担心在他的时代，这一聪明年轻的助手可能会成为最好的天文学家而让他黯然失色。第二年，即在 1601 年，第谷突然病逝。继而发生的是对第谷的遗产的争夺，开普勒意识到，如果他不快速行动，那么他可能永远都无法获取并使用第谷的大部分数据。于是，开普勒立即占有（用开普勒自己的话来说是“篡夺”）了这些观测数据，并掌握了这些数据的控制权。第谷下葬两天后，开普勒被任命为皇室数学家职位的继任者。此时，第谷的无可比拟的天文观测数据全部掌握在了开普勒手中。通过使用这些数据，开普勒最终发现行星的运行轨道是椭圆形的，并形成了他的三大定律。

当然，有很多更加现代的使用二手数据的例子。例如，Recorded

Future 公司的例子就是其中之一。Recorded Future 公司的二手数据的来源是大家都非常熟悉的互联网。Recorded Future 公司是由分析专家克里斯托弗·阿尔伯格（Christopher Ahlberg）创办的，公司对互联网进行分析以计算与分类实体和事件被提及的频率。Recorded Future 公司尤其关注统计预测——未来的提及频率。它把自己的数据和分析结果出售给政府情报机构，政府情报机构对像“恐怖主义”或“战争”这样的词的提及频率有着明显的兴趣。另外，以金融服务公司为例，它们对象征投资者和消费者情绪的词语满怀兴趣。

原始数据迎来指数级大爆炸

如果你不能像开普勒或者 Recorded Future 公司那样幸运地继承如此重要的二手数据或与你要解决的问题直接相关的数据，那么研究人员就必须测量变量，即收集原始数据。测量的类型有许多种：一个包含设计与执行访问或问卷的调查；涉及某人进行观察的直接或者不显眼的观察技巧；能用于解决特定问题的精心设计并受控的疯狂科学家实验。在研究中使用哪种方法，取决于识别的问题和选择的变量这两者的特征。

结构化和非结构化数据。几个世纪以来，几乎所有的定量分析师都是在结构化数据上进行分析，也就是说，数据呈现为能被轻松地置于行列内的数值形式。无论分析是以一张电子表、一个强有力的统计软件，还是手持式计算器的形式完成，行和列（行通常代表情况或者观测，而每个变量被展示在列中）是数据被结构化的方式。你必须弄清楚的问题是可以获得多大的数字以及必须展示多少位小数点。

在 20 世纪的最后几年，随着文本分析的出现，情况开始变得不同。正如我们在马克·吐温的信件这个案例中所描述的一样，研究人员开始同时在文本中寻找数字和模式。一个典型的问题就是特定的词语出现的频率是多少。文本是一个非结构化数据的例子，因为它通常是连续的，所以很难被放入齐整的行和列中。

然而，2000 年后，非结构化数据才真正开始在数量上和种类上实现爆炸式增长。这一年是互联网开始流行的一年，这为像 Recorded Future 这样的企业带来了用于分析的巨量的文本、图片和点击率数据。远程通信和社交媒体催生了大量的面向社交网络的数据。与此同时，企业想要分析的音频和视频的数据量同样经历了几何式的增长。基因革命则引发了基因和蛋白质组学数据的大量增长。

在大数据时代，企业通常会处理多拍字节（1 000 兆兆字节，或者 10^{15} 字节——也就是 1 000 000 000 000 000 个信息片段）的数据。例如，eBay 有一个由超过 40PB 的数据组成的数据仓库。你每一次点击，就会为这个总数的增长贡献一份力量。

在初始阶段，非结构化数据的分析常常与结构化数据的分析大不相同。许多情况下，在我们能够对数据进行统计前，我们必须做大量的数据过滤、分类以及其他的准备工作。数据科学家是一个不但能分析数据，而且能把数据调整到可以进行分析的专家。许多处理大数据的企业都已经用像 Hadoop 和 MapReduce 这样的工具过滤和分类数据，以便能对这些数据进行定量分析。在能被使用定量分析法进行分析之前，视频和声音数据也需要进行大量的准备工作。在很多情况下，在完成这个准备工作之后，企业将使用传统的统计软件来分析数据。正如天睿资讯（Teradata）的比尔·弗兰克斯（Bill Franks）在发表的一篇关于国际数据分析研究所（International Institute for Analytics）的博文中所指出的：

> 当如此众多的大数据资源被非结构化之后不久，非结构化数据已经成了非常流行的话题。然而，一个重要的差别正日渐被忽视了：事实上，没有分析师直接分析非结构化数据。非结构化数据可能会被放入一个分析过程，但是当它被用于任何实际分析时，非机构化数据本身却没有得到使用。“这怎么可能？”你一定会问。那么，让我来解释一下。
>
> 让我们从指纹匹配的案例开始。如果你看过类似 CSI 破案的案例，那么你会看到警察一直在进行指纹匹配。指纹图像是完全非结构化的，并且如果是高质量图像的话，那么它的尺寸会相当大。所以，电视上或现实生活中的警察进行指纹匹配时，他们并不是采用真实的图像来进行匹配的。他们所做的第一步是识别每个指纹上的一系列重要的点。然后，基于这些点创建一张映射图或一个多边形。因此，警察真正用于匹配的是基于指纹创建的映射图或多边形。更重要的是，映射图或多边形实际上是被充分结构化的，而且尺寸很小，即便原始指纹并非如此。当非结构化指纹被输入流程中，进行指纹匹配的实际分析使用的就不是非结构化图像，而是从它们中提取出来的结构化信息。
>
> 每一个人都会认可的案例是文本分析。我们不妨考虑一下当下

> 非常流行的社交媒体情绪分析方法。人们发表在Twitter上的推文、Facebook上的帖子和其他社交网站上的评论是直接被分析以判断人们的情绪吗？事实并非如此。这些文本首先会被解析成词语或词组。然后，这些词语或词组被标记为“好”或“坏”。举一个简单的例子，一个“好”词语可以获得1分，一个“坏”词语可以获得-1分，一个“中性”词语可以获得0分。帖子中表现出的使用者的情绪由单个词语或词组的得分的总和来决定。因此，情绪得分本身就是从充分结构化的数据中创建的，而充分结构化的数据来源于最初的非结构化数据。在情绪中进行更进一步的趋势或模式分析是充分基于对文本的结构化和数值求和，而非文本本身。

与上面提到的弗兰克斯的案例相似，许多大数据应用最初关注的是非结构化数据，但是当非结构化数据被如Hadoop和MapReduce这样的工具处理后，它们就能够被当作结构化数据，并使用标准的视觉分析或统计软件来进行分析。

步骤5　数据分析步骤

既然数据本身并不会告诉我们任何信息，那么我们就需要分析它，以破译出它的意义和暗含的关系。数据分析需要找到恒定的模式；换言之，就是蕴含在数据中的变量之间的关系。当你看到模式浮现出来时，解释数字就会变得更加容易。当你从变量中提炼出这些模式时，解决问题就会变得更加容易。比如，假设我们正在对一个为总统候选人投票的选民样本进行电话调查，并通过这种方式来收集数据。然后，通过分析收集

5.数据分析

到的数据，我们设法找出不同区域、受教育程度、收入、性别、年龄和党派的人士可能支持任意特定候选人的模式。通过数据来找出模式可以采用各种方法，从基础的分析如图表、百分比和均值分析到更加精密的统计方法都可以。数据的特征和复杂性决定了具体应该采用哪些方法。

回想一下我们在第 1 章中描述的分析案例的不同类型。如果你正在讲述一个“情况是这样的”的案例，那么你会做出的唯一的分析类型很可能是某种形式的报告；也就是说，你会撰写一个报告或描绘一系列图表来说明在你的数据中发现了多少归于同类的事情。你最多不过报告对核心趋势的一些测量，比如均值或中值。采用这种方法你需要主要聚焦于报告的软件。仪表盘、积分卡以及警报器都是报告的方式。在“针对不同分析类型的主要软件供应商”中，我们列出了一些主要的报告软件供应商。

KEEPING UP WITH THE QUANTS

人人都是分析师

针对不同分析类型的主要软件供应商
（按字母顺序排序）

报告软件：

- BOARD International；
- IBM Cognos；
- Information Builders WebFOCUS；

- 甲骨文商业智能（Oracle Business Intelligence，包括 Hyperion）；
- Microsoft Excel/SQL Server/SharePoint；
- 微策略（Microstrategy）；
- 全景（Panorama）；
- SAP 商务智能解决方案（SAP BusinessObjects）。

交互式可视化分析软件：

- QlikTech QlikView；
- Tableau；
- TIBCOSpotfire。

定量或统计建模软件：

- IBM SPSS；
- R（一个开源软件包）；
- SAS。

虽然所有列出的报告软件供应商同样有图形展示的能力，但是其中一些供应商特别关注交互式可视化分析，或者数据和报告的视觉呈现的利用情况。这些工具常常被简单地运用于图形数据和数据发现，后者用于理解数据的分布，识别两个变量间的异常值（不可预料的数据点）和视觉关系。因此，我们把这些软件供应商列为一个单独的种类。

我们也为其他分析种类列出了核心的软件供应商，我们将这些种类称为定量或统计建模。在这些种类中，你会设法使用统计学来理解变量之间的关系，以及通过你设定的样本来推断更大的人口范围内的情况。预测分析、随机检验以及各种形式的回归分析都是建模类型。这种数据类型的软件供应商往往与报告软件供应商不同，虽然随着时间的推进，这两种类型的软件供应商会有一些融合。

例如，微软 Excel 可能是世界上使用得最为广泛的分析软件工具（虽然大多数人将它视为一个电子表格工具），它可以和报告一样进行统计分析（以及视觉分析），但是如果你有大量的数据或者需要建立复杂的统计模型，那么 Excel 并非最强大的统计软件，这就是它之所以没有被列在上面表单中的原因。在企业环境下，使用 Excel 进行分析常常是和微软的其他产品强强联手，包括 SQL Server（主要是一个数据库工具，但是带有一些分析功能）和 SharePoint（主要是一个协作工具，但是带有一些分析功能）。

模型的类型

分析师和他们的企业使用各种各样的模型类型，来进行分析性思考和制定基于数据的决策。虽然教你统计学知识并非本书真正的宗旨，但是了解分析师们用来判断使用哪种类型的模型的标准是有用的。我们相信这些知识能帮助读者实现高起步、抓核心的成效。

如果我们想要了解在特定情况下有用的模型类型，那么我们首先需要描述决策制定者（或者分析师）所面临的具体情况。为识别出适当的模型，我们必须考虑以下三个问题：

- **我们需要同时分析多少变量？**分析一个变量（单变量模型）、两个变量（双变量模型）还是三个或更多变量（多变量模型）的概率。这些差不多涵盖了所有的选项。
- **我们需要得到描述性或推论性问题的答案吗？**描述统计学（Descriptive Statistics）简单地描述了你拥有的数据，但是并不试图在数据之上对它进行概括。均值、中值和标准差是描述统计学的典型案例。它们通常是有用的，但是从统计学或数学的角度来说，它们不是很令人感兴趣。推论统计学（Inferential Statistics）会取数据样本进行调查，并试图将调查结果推断或概括到一个更广泛的人口范围内。相关分析和回归分析（后文将有详细描述）是推论统计学的典型案例，因为它们包含了关于在样本中观察到的有多大可能会适用于更广泛的人口范围的估算。统计学家和定量分析师们对推论统计学的兴趣远高于描述统计学。
- **在感兴趣的变量中，什么样的测量水平是可行的？**这在之前被描述为“测量变量的方式”。

你或帮助你进行定量分析的人所采用的特定的模型类型会受到你试图讲述的故事和你所拥有的数据的驱动。一些故事和数据的样本属性以及起因于它们的模型类型将在下文中进行描述，虽然它们并不代表模型类型中所有的可能变量，但是它们可能描述了企业每天用分析所做的90% 的工作内容。

- **两个数值型数据变量：**如果你只是想将两件能够进行数值测量的事情联系起来，那么你很可能想要使用某种类型的相关分析。这是你可以执行的最简单的统计分析中的一种。基本上，相关分析会评估两个变量是否会共同变化，例如，以一群人的体重和身高为考量的变量。当人的体重增加时，他的身高也会增长吗？是的，大体上是这样的，所以体重和身高被认为是高度相关的。因为相关分析是一种推论统计，所以也会有一些检验来判定特定水平的相关是否有可能是偶然发生的。例如，如果你听到一个相互关系是“在 0.05 的显著性水平上是显著的”，那么它意味着在你的样本中出现的相互性只有 5% 的可能性会偶然出现在一个更广泛的人口范围内。

- **两个或几个类别变量：**如果你正在使用调查数据，而且你的数据来自名词定类变量（比如，男性 / 女性，或者青年 / 中年 / 老年），那么你将需要使用一系列方法来进行分类数据分析。这种分析类型的结果常常用表格的方式呈现。例如，如果你把性别和年龄联系起来，那么你可能在青年与中年类别下发现相对相同数量的男性和女性，但是因为女性的寿命通常比男性长，所以你可能在表示老年类别的单元格下发现更多的女性。如果在你的数据中，这种模式或者其他模式是显著的，那么你可能得出这样的分析结论：根据拟合优度（Goodness of Fit）检验，你的数据表现出一种显著（不可能是偶然的）关系。与此同时，这种显著关系可能在 0.05 或 0.01 显著性水平上是显著的。像性别这样的二分类变量也能基于“虚拟”变量采用回归分析的方法，或者它们也能用 0 来代表一个因子的缺失（例如，“男性”），以及用 1 来代表因子的存在。
- **两个以上的数值型数据变量：**将相关分析扩展应用到拥有数值型变量的两个以上的变量上就是回归分析。有时候，它被称为多元线性回归分析（因为你使用了多元变量来解释另一个变量的价值）或者线性回归分析（因为变量之间的关系在整个变量范围中保持相似）。回归是对过去收集的数据的分布（或图像形式中的一根直线）进行拟合的一种方法，但是一旦你已经有了一个好的模型，那么你就能使用这个模型来预测未来。一个回归模型可以分配系数给每个解释或者预测了另一个变量的变量。

我们在此举一个多元线性回归的例子，让我们看一下普林斯顿大学经济学家奥利·阿申费尔特（Orley Ashenfelter）的方法，他使用回归分析来找出能够用于预测名贵的法国葡萄酒的拍卖价格的方法。他基于最适宜酿酒葡萄生长的季节里的天气对葡萄酒价格进行预测，这一行为在葡萄酒专家中制造了恐慌，甚至激怒了他们。《纽约时报》就刊登了一篇封面文章报道了他的这一预测，文章标题为“葡萄酒公式让某些人的鼻子遇到了麻烦”。毕竟，如果有了一个好的预测公式，那么谁还需要专家呢？

大多数观察者至少会同意这一观点：当上一个冬天气候潮湿，而葡萄的生长季节里气候温暖以及丰收季节里气候干燥的话，酒商就能酿出好酒。因此，因为天气变量能影响葡萄酒的品质，所以阿申费尔特选择了三个独立的变量：葡萄生长季节的平均温度、葡萄丰收季节的降雨量以及冬季的降雨量。此外，因为葡萄酒通常年份越久口味越好，因此葡萄酒的年份被视为独立变量。

葡萄酒的品质在醇熟的酒的价格中得到反映，因此它成了阿申费尔特设法预测的独立变量。阿申费尔特收集了 6 瓶 1960—1969 年的波尔多酒庄（Bordeaux Chateaux）产的酒在伦敦拍卖市场上的价格。之所以选择 1960 ~ 1969 年的葡萄酒，是因为这些酒已经充分醇熟并且它们的品质已经非常明确。另外，天气变量的测量数据来源于种植者所在的当地气象局。

阿申费尔特基于年份和天气变量对葡萄酒（对数）价格进行了回归分析。他得出了下面的葡萄酒公式：

葡萄酒品质 =12.145（一个常数）+ 0.0238 葡萄酒年份 + 0.616 葡萄生长季节的平均温度 –0.00386 葡萄丰收季节的降雨量 + 0.00117 冬季降雨量

正如系数的符号所表示的那样，葡萄酒的年份、适宜的生长季节的平均温度以及冬季降雨量对葡萄酒的品质有着直接、积极的影响。丰收季节的降雨量对葡萄酒品质有着消极的影响。这个公式的判定系数是 0.828，它意味着这些变量解释了 83% 的葡萄酒的价格变动。总而言之，仅仅是这些变量相关的信息在价格决策中就起了非常大的作用。人们可以看到，与谈论土壤、橡木桶和成熟的果实相比，为什么专家们可能会发现这个结果有一些受到质疑和没那么有意思的地方。

之前，我们描述了常用的推论统计学模型（正如我们所指出的，虽然描述性和面向报告的模型是有用的，但是如果用定量思维来考虑的话，描述性和面向报告的模型并非很有趣）。当然，因为全书都是关于定量分析这个主题，所以这里只做一个简单的介绍。

KEEPING UP WITH THE QUANTS

人人都是分析师

关键的统计概念和方法

ANOVA：方差分析，是关于超过两组的均值是否相等的统计检验。

因果关系：一个事件（原因）和另一个事件（影响）之间的关系，这时另一个事件被认为是前一个事件的结果。通常情况下，因果关系也指一组因子（原因）和一个现象（影响）之间的关系。因果关系需要满足三个条件：

- 原因必须在时间和空间上先于它产生的影响；
- 当它的影响起作用时，原因必须已经出现；
- 当影响不再起作用时，原因必须消失。

聚类或聚类分析（cluster analysis）：将观测数据（例如，数据库中的记录）进行分组（这个过程被称为聚类），以便处于聚类中的目标在某些方面类似，而处于不同聚类中的目标各不相同。聚类是探索式数据挖掘的主要任务，以及在诸多领域进行统计分析的常用方法。

相关：两个或多个变量相互之间的关联程度。关联程度被表示为相关系数，它的范围在 –1 ~ 1 之间。

- 相关系数 = 1（完全正相关，表示两个变量总是一起朝相同的方向移动）；
- 相关系数 = 0（两个变量没有关系）；
- 相关系数 = –1（完全负相关，表示当一个变量上升时，另一个变量总是往下走）；
- 相关性不代表因果性。相关性对因果关系而言是一个必要但不充分条件。

独立变量：指的是你想要预测和解释其未知值的变量。例如，如果你想用葡萄生长季节的平均温度、葡萄丰收季节的降雨量以及冬季的降雨量来预测葡萄酒的品质，那么葡萄酒的年份就是独立变量。这种变量也可以被称为被解释变量（explained variable）或反应变量（response variable）。

因子分析（factor analysis）：一个使用了大量变量或目标并披露它们之间的内在关系的统计程序。它用来把大量相关的变量压缩成更小的规模，叫作因子。因子分析通常被用来进行数据简化和/或结构识别。例如，如果一个研究人员有超过 100 个感兴趣的变量需要研究，那么因子分析就能够帮助创建一个综合指标，而这个综合指标能用少量的综合测量或因子来抓住 100 个变量的本质。

拟合优度检验：一个判断样本数据与特定的分布类型之间的匹配程度的统计检验。拟合优度检验的测量值概述了在特定的分布下观察值与预期值之间的差异。最常用的拟合优度检验是检验结果频率是否遵循特定的分布。

假设检验：一个用于评估关于现实的假设（声明）的系统性方法。它涉及用证据来反驳假设或声明，并根据证据决定提出的假设是否因为合理而被视为成立，或者因为不合理而被视为不成立。这个声明被分为两个对立的假设：零假设（null hypotheses, H_0）或备择假设（alternative hypotheses）。零假设（H_0）表示在统计上，给定的一组观测值之间没有显著差别或相关性。备择假设（H_a 或 H_1）表示我们希望展示的变化或关系在数据中的确存在。假设检验涉及用理论上的预期结果比较经验上观测到的样本结果，也就是说，判断零假设是否成立。例如，如果你希望使用葡萄酒的年份来预测葡萄酒的品质，那么零假设是“葡萄酒的年份并非葡萄酒品质的显著预测变量”，而备择假设可能是“葡萄酒的年份是葡萄酒品质的显著预测变量”。数据被收集并被检验以观察在暂时假设 H_0 成立的条件下，数据有多么“不一样”。罕见的或者异样的数据（在低于指定的阈值时常常用一个 P 值来表示）代表 H_0 不成立，它构成了一个统计学上的显著性结果并支持备择假设。

独立变量：一个已知能够用于帮助预测或解释一个独立变量的变量。例如，如果你希望使用各种预测变量（葡萄生长季节的平均温度、葡萄丰收季节的降雨量、冬季降雨量和葡萄酒的年份）来预测葡萄酒的品质，那么这些各种各样的预测变量都是独立变量。独立变量还可以被称为被解释变量、预测变量或回归量。

***ρ* 值：**当进行一次假设检验时，*ρ* 值提供了在假定 H_0 成立的情况下，数据出现的可能性。小的 *ρ* 值表示来自 H_0 的罕见或异常数据，这时候它提供了 H_0 实际上不成立的依据（并因此支持备择假设）。在假设检验中，当 *ρ* 值比显著性水平 α[①] 小时，我们“拒绝零假设”，它通常为 0.05 或 0.01。当零假设被拒绝时，结果被称为统计上显著（statistically significant）。

回归：任何寻求确立一个预测公式的统计方法，这个公式允许一个独立变量的未知值由来自一个或多个独立变量的已知值来确定。

---

① α：在本章节所进行的描述中，我们参考了维基百科中海因茨·克勒（Heinz Kohler）的《商业与经济统计学》（*Statistics for Business and Economics*）和戴尔（Dell）的《分析速查表》（*Analytics Cheat Sheet*，2012 年出版的表 6 和表 8）中所列举的相关术语定义。

简单的回归分析使用一个独立变量来预测一个因变量。多元回归分析使用多元独立变量来预测一个因变量。逻辑回归分析使用多元独立变量来预测一个二元的、绝对的独立变量（例如对 / 错、购买 / 不购买和赞成 / 反对）。

决定系数（R^2）：最常用的用于测量一条回归线拟合它所基于的样本数据的程度的方法。它也代表由回归线解释的因变量的变化量。决定系数是一个处于 0 和 1 之间的比率，并且如果它的值是 0.52，那就意味着独立变量中 52% 的方差是由回归中使用的独立变量所解释的。总之，它的值越大，模型越好。

显著性水平或者 α ：当零假设成立时，在所有可能的样本结果中，足够异常来拒绝零假设的结果的（任意的）最大比例被称为显著性水平。换言之，显著性水平表示认可一个事件不可能是偶然发生（且因此否认了 H_0）所需的证据量。传统的显著性水平是 5%（0.05）；然而，在需要提供更强有力的证据来接受备择假设（比如 α=1% [0.01]）的情况下，我们可以使用更严格的显著性水平的值。显著性水平的值为 5% 意味着我们需要来自 H_0（如果 H_0 确实是成立的）的低于 5% 的概率下会发生的数据，来怀疑 H_0 的正确性并拒绝承认 H_0 成立。在实践中，显著性水平通常通过计算 ρ 值来判断；小于 α 的 ρ 值意味着拒绝 H_0 并支持备择假设。

t 检验或学生 t 检验：指检验两组数据的均值是否相等，或者一组数据的均值是否有一个特定的值的统计性检验。

一类错误或 α 错误：当零假设成立时，一类错误或 α 错误出现，但是错误被拒绝。在传统的假设检验中，如果 ρ 值比显著性水

平 α 小时，那么人们拒绝零假设。不正确地拒绝一个正确的零假设的概率等于 α，因此，这个错误也被称为 α 错误。

改变是一件好事

正如你可能猜想到的，没有什么模型是恒久不变的。毕竟，如果我们所处的世界在一些决定性的方面发生了变化，那么未经改变的模型也就不再能充分代表世界了。在这种情况下，改变可能是一件好事。我们将描述在模型中假设的重要性，并且在本书的后续部分中对模型进行解释以便所有牵涉其中的人都可以清楚地知道模型是否依然适用。这里只需要指出一点就够了，那就是：**所有应用了定量模型的企业或个人必须定期检查模型，以确保它们仍然适用并仍然拟合数据——如果不再适用的话，那就对模型进行一些必要的改变。**我们在这里说的经常检查是指至少每年都对模型进行一次检查，除非有理由需要进行更频繁的检查。

在某些情况下，模型需要更加频繁的调整。比如，如果你的模型是基于金融贸易的，那么你很可能需要非常频繁地检查它们。詹姆斯·西蒙斯（James Simons）是文艺复兴科技公司（Renaissance Technologies）的创始人，他经营着世界上最大规模的对冲基金，并一直在更改模型。他雇用教授、译码员和思维科学家与工程师为他工作。自从 1988 年 3 月西蒙斯获得学士学位起，文艺复兴科技公司的旗舰产品，即价值 33 亿美元的大奖章基金（Medallion Fund）已经累计实现了每年 35.6% 的回报率，这个基金交易包括从大豆期货到法国债券在内的所有东西。截至 1999 年 12 月份的整整 11 年里，大奖章基金的累计回报率达到了令人瞠目结舌的 2 487.6%。西蒙斯在 2008 年赚取了约 25 亿美元，同时个人净资产约为 87 亿美元，因此，他被《福布斯》列为全球第 80 位最富有的人以及美国第 29 位最富有的人。2006 年，他被《金融时报》评为“世界上最聪明的百万富翁”。

西蒙斯承认，交易机会在本质上是很难遇到的，且转瞬即逝。他在一次研讨会上说：“有效市场理论是正确的，因为不存在严重的低效率。”但是我们会看到那些可能规模小且稍纵即逝的异常现象。然后，我们做出预测，并且在这之后不久，重新评估这种情况并改善我们的预测和投资组合。我们整天都在做这些事情，我们总是钻进去又跳出来、跳出来又钻进去地研究，所以我们是依靠行动来挣钱的。为了在群雄之中保持领先，西蒙斯每周都要改善他的模型。可以说西蒙斯之所以能取得如此巨大的成功就是因为他有能力根据世事变化进行适时的调整。他说：“统计预测信号深深影响了接下来的几年，甚至可能是 5 ~ 10 年。你必须不断地学习新的东西，因为市场对我们是不利的。如果你不能不断进步，那么你将退步。事实就是，不进则退！”

KEEPING
UP
WITH THE
QUANTS
分析性思维实例

赢得诺贝尔经济学奖的数据模型

费希尔·布莱克（Fischer Black）和迈伦·斯科尔斯（Myron Scholes）的布莱克-斯科尔斯模型解决了一个长久以来困扰投资者的股票定价问题。布莱克是哈佛大学的应用数学博士，当时任职于理特咨询公司（Arthur D.Little, Inc.）；而斯科尔斯则是刚从芝加哥大学毕业的经济学博士，当时才去往麻省理工学院的金融系任教。

在期权定价中有大量的专业术语。一项期权是在一个特定的时期里，在达到某项条件时，赋予了权利但没有义务买入或卖出一项资产的有价证券。当期权被执行时，支付给资产的价格，被称为期权执行价格（exercise price）。期权可以被执行的最后一天叫作到期日（maturity date）。期权的最简单类型通常被称为看涨期权（call option），它赋予了期权持有人买入单一普通股的权利。风险溢价（risk premium）是指投资者为股票或者其他资产支付的超出无风险投资的部分。

总而言之，股票的价格越高，期权的价值越大。当股票的价格远超过期权执行价格时，这项期权就很可能被执行。另一方面，如果股票的价格远低于期权执行价格，那么这项期权很可能期满而没有被执行，所以它的价值几乎为零。如果期权的到期日时间非常非常长，那么这项期权的价值将约等于股票的价格。通常，只要股票的价格没有改变，随着期权的到期日的临近，期权的价值会不断下降。然而，支付给风险溢价的金额却是不确定的。

问题识别与构建。期权和其他衍生品的有效风险管理的先决条件是，这些工具被正确地估值或者定价。以前对金融衍生品的估值的尝试都以各种各样的方式宣告失败，因此我们需要找到一种新的理论上严格且经验上合理的方法，来判断金融衍生品的价值。

回顾之前的发现。对金融衍生品进行估值的尝试已经历史悠久，最早可以追溯到 1900 年。对期权进行估值的大部分早期工作始于认股权证（由公司发行的看涨期权，它赋予持有人从公司以特定的价格购买股票的权利），全部形成了大体通用类型的定价公式。然而，这些并非全部，因为它们全都涉及一个或多个任意的参数，并受到一个根本的不足之处的影响：风险溢价未能适当处理。不幸的是，在资本市场均衡条件下，看起来似乎没有证券定价模型能让均衡条件成为一个决定认股权证价格的适当的程序。布莱克和斯科尔斯在历史上第一次，试图使用这种均衡条件来获得一个理论上的估值公式。

建模（选择变量）。以下几个变量被判定为将会影响期权的估值。

- 距离到期日的时间；
- 标的资产的现货价格——期权执行价格；
- 无风险利率；
- 标的资产收益率的波动性。

请注意投资者对风险的态度并没有被包含在内。布莱克和斯科尔斯做出了重大的贡献，即指出在进行期权估值时，实际上没有必要使用任何的风险溢价。当然，这并不意味着风险溢价消失了；相反，它已经包含在股票的价格之内了。

收集（测量）数据。布莱克 - 斯科尔斯模型源于一些技术假设以及变量之间的推测关系。在模型的建构阶段，他们并没有进行数据测量。然而，布莱克和斯科尔斯在他们的论文《期权和企业债务的定价》（*The Pricing of Options and Corporate Liabilities*）中，通过大量的看涨期权数据，对他们提出的源于理论的模型进行了实证检验。

分析数据。布莱克和斯科尔斯依靠一些参数和技术假设（一个来自微积分而非统计学的模型）获得了一个有点不一样的公式。这个公式就是布莱克 - 斯科尔斯模型，它表明了一项看涨期权的价格可能通过无风险利率、约定这项期权所基于的资产的价格变化和这项期权的参数（期权执行价格和标的资产的现货价格）的函数来计算得出。这个公式表明，现货股票价格越高，股票价格的波动就越大；无风险利率越高，期权到期日越晚；期权执行价格越晚，期权价值越高。其他的衍生品的估值也有着相似的情况。

传达结果并采取行动。布莱克和斯科尔斯通过将论文投递到《政治经济学杂志》(*Journal of Political Economy*)试图发表他们的论文，但是很快被拒绝了。虽然如此，他们依然确信自己的论文有可取之处，于是他们又将论文投到了《经济学与统计学评论》(*The Review of Economics and Statistics*)，不过还是遭到了拒绝。在当时，在不考虑投资者对风险态度的情况下能够精确估值期权的观点，对大多数评审员来说是陌生且不可接受的。基于来自一些著名经济学家的广泛意见对论文进行了修改之后，布莱克和斯科尔斯再次把它提交给了《政治经济学杂志》，并最终获得了发表。后来，时任麻省理工学院教授的罗伯特·默顿（Robert Merton）发表了一篇论文，扩展了对布莱克-斯科尔斯模型的精确理解。

尽管这篇论文的发表之路历尽艰辛，但是今天，世界上有成千上万的交易员和投资者每天都在使用这一定价模型对市场上的股票期权进行估值。这个模型计算简单且变量间的关系清楚明了，它能计算出一个有效的近似值，特别是在分析价格处于关键点时的走向方面非常有效。即便当结果并非完全准确时，计算结果还是充当了合理的第一近似值，而随后人们可以对这个近似值进行调整。

不仅在期权定价中，而且在许多经济学问题中，布莱克-斯科尔斯模型已经变得不可或缺。它已经成为整个经济学领域最成功的理论。默顿和斯科尔斯因发明了一种新的方法来判断金融衍生品的价值而获得了1997年的诺贝尔经济学奖。虽然布莱克因为已经在1995年逝世所以不能获得诺贝尔奖，但是他被瑞典学院提名为贡献者。

猜疑的丈夫

1973 年，一份报纸的专栏“亲爱的阿比”（Dear Abby）上面出现了下述的内容：

亲爱的阿比：你在专栏中写到女士的怀孕期为 266 天。这是谁说的？我怀我的宝宝用了 10 个月零 5 天，就是 10 个月零 5 天，因为我知道我怀上宝宝的确切日期！我的丈夫在海军服役，我不可能在其他时间怀上宝宝，因为我只见过他一次且只有一个小时，然后在宝宝出生之前我都没有再见过他。我不喝酒且生活作风没有任何问题，所以这个宝宝只可能是他的，因此请刊登文章撤回女人怀孕期为 266 天的说法吧！倘若不然，我将有很多麻烦！

——一位圣地亚哥的读者

虽然阿比的回答让人稍感放心，但是并不是定量的：

亲爱的读者：别担心！女人平均的怀孕期确实是 266 天。但是，有的宝宝出生得早一些，有的宝宝出生得晚一些，而你的宝宝就属于出生得晚一些的类型。

如果阿比更加定量的话，那么她应该用更多的数据信息来回复读者。引用数据往往能让人觉得更具说服力，而且这是一个相对简单的涉及概率的问题。接下来，让我们在 6 步框架中来展示这个问题。

识别问题。这里的问题不是宝宝的出生日期是否晚一些，因为这个宝宝出生得相对晚一些已经是一个既成的事实。10 个月零 5 天差不多有 310 天了，这已经远远超过阿比指出的平均日期。问题是，这种情况的概率是多少？或者说它有多不寻常？它有足够不寻常到能够表明这个女人没有说实话吗？

回顾之前的发现。我们可以大胆假设怀孕期的分布大致是一个正态分布（也就是说，怀孕时间随着正态曲线推移）。怀孕期持续至少 310 天的概率很容易通过标准正态分布的 Z 得分（与均值的标准方差的数值）计算得出，这是基础统计学的基础。

建模（选择变量）。怀孕期至少达 310 天的概率。

收集数据。当前的数据表明，实际平均怀孕期是 266 天，标准方差为 16 天。

分析数据。当实际平均怀孕期是 266 天且标准方差为 16 天时，基于标准正态分布，怀孕期至少达 10 个月零 5 天（300 天或者更长）的概率是 0.003。

传达结果并采取行动。这表明在 1 000 个宝宝中有 3 个宝宝出生得这么晚。这个概率看上去似乎很小，但是当你将这个概率应用到大的基数上时，就不一样了。因为在美国每年有 400 万宝宝出生，所以有大约 1.2 万名宝宝会出生得这么晚。所以，阿比可以这样来回答："在美国，每年有大约 1.2 万名宝宝在这么晚的时候出生。你的宝宝只是其中的一个。"这个回答不仅能够宽慰这名妻子，而且也能够说服她的丈夫。

在统计假设检验中，上面计算得出的 0.003 的概率被称为 ρ 值。ρ 值是指假定零假设成立的情况下，获得一个至少像人们实际观察到的情况（怀孕期长达 10 个月零 5 天）一样特殊的检验统计量的概率（比如，这个案例中 2.75 的 Z 值）。在这个案例中零假设为"这个宝宝是我丈夫的"。在传统的假设检验中，如果 ρ 值比显著性水平低，那么人们拒绝零假设。在这个案例中 ρ 值为 0.003，因此会导致人们拒绝零假设即便是在 1% 的显著性水平上——1% 的显著性水平通常是人们使用的最低水平。然后，我们通常就会拒绝我们所做的零假设，即这个宝宝是读者丈夫的小孩。那么，我们怎么解释这个（错误的）检验结果呢？这是一个典型的一类错误（或 α 错误）的案例，当一个检验拒绝了一个正确的零假设时，就会让我们做出错误的决策。换言之，概率理论并不能够对生活的方方面面进行正确的预测。

KEEPING
UP
WITH THE
QUANTS

03

阶段三：传达结果并基于结果采取行动

一步没走好，就将功亏一篑

在我们的 3 阶段 6 步骤框架中，交流你对利益相关者的分析结果是最后一个阶段，也是极其重要的一个阶段。即便其他几步走得非常好，只要这一步没有走好，也会功亏一篑。那些在意自己的方案是否得到实施以及它是否会改变决定和影响行动的分析师会非常在意这个阶段，所以他们花了很多时间和精力在这个阶段上。而那些不在意这些事的分析师则认为，结果会为自己代言，所以，不用担心这个阶段。在我们看来，后者并不是合格的分析家。

6.传达结果并采取行动

这一观点并非历来就被看作正式教育的合适主题。学者们，尤其是那些在自己的研究和教学中有着强烈分析定位的学者们，太过注重分析方法，却不够重视如何有效交流这些

方法。不过幸运的是，这种情况正在改变。哈佛大学与艺术科学学院院长孟晓犁在阐述他培养“有效的统计交流家”这一目标时说道：

> 近年来，我们对哈佛大学在校生的统计教育已有了更广泛的见解。以前，我们的重点是，培养少数学生在定量研究方面达到博士水平，而如今，我们要将重点转移到帮助多数学生对统计学观点和见解形成基本的鉴别能力，以作为对他们文科批判性思维的一部分训练和练习。一个不知道如何酿酒的人都能成为--名品酒师，有趣的是，在这个哲理的引导下，学校的这一举措培养出了比我们只注重酿酒的时候更多的酿酒师。

受这一哲理的影响，孟晓犁和他的同事为学生开展了一门名叫“真实生活统计学：你的快乐（或痛苦）机率”的课程。该课程的各模块中包含的统计学观点涵盖了以下主题：“传奇故事”“红酒与巧克力”“金融学”“医学”（包括伟哥的临床试验）和“股票市场”。孟晓犁正试图让统计学变得“不仅美味，而且可口”。

不管你是一名分析师，还是消费者，换句话说，就是分析界的“酿酒师”，或者酒的消费者，本章中的信息都对你有用。当然，为了鼓励更多行动，分析师可以让他们的研究成果变得更有趣，更吸引人。分析的消费者，比如一位受命负责某个分析项目的经理，应该坚决要求收到结果的格式是有趣的、易懂的。如果定量分析的消费者感到厌烦，或者混乱，这也许并不是他们的错。消费者可以和定量分析师合作，让结果变得容易理解和使用。当然，最终做决定和就结果采取行动的还是消费者。

这个阶段的重点是描述问题及其背后的故事、模式、数据的使用以及分析变量之间的关系。厘清这些关系之后，就得解释、阐明和呈现它们的含义。**结果呈现得越清楚，定量分析才越可能促成决定和行动。总之，这才是分析的意义。**

对结果的陈述需要包括研究过程的大纲、对结果的总结和解决问题的建议，顺序并不固化，但最好先从总结和建议开始。传达结果最好的方法要么是召集相关人员开一次问答会议，要么是写一份正式的报告。如果问题和结果具有学术意义，那么你可以写一篇文章，在相关领域中发表。

就像我们在引言中提到的，如果你不想对分析结果做出过多的陈述，那么，以黑白数值表的形式呈现数据便再好不过了，即便用一句“就是这样”就讲完了这个分析故事也可以。这类故事可以用简单的图解术语来描述，比如条形图、饼状图、曲线图，或者，说得更酷一点，比如交互显示图。在众多视觉刺激的数据呈现方式中，有些人喜欢“行”和“栏”的方式，但这些人毕竟是少数。如果能用颜色和动态图使呈现方式生动化、让结果更加清楚，有什么不好呢。

步骤 6　传达结果并采取行动

最成功的分析师就是那些会“用数据讲故事”的分析师。在引言中，我们已经讲了几种不同类型的分析故事。无论是什么类型的故事，无论以什么样的方式发展，所有好的分析故事的原理都是相似的。它们有着强烈的叙述性，而且通常受商业问题或目标的影响。在呈现顾客忠诚度的分析故事时，可以这样开头："如大家所知，长久以来，我们都希望找出最忠诚的顾客和让这些顾客更加忠诚的方法，现在我们找到了。"

好的故事在呈现调查结果时往往采用观众能够理解的方式。如果观众非常懂定量和科技，那么我们就可以使用一些统计学或数学的术语。然而，大多数时候，观众都不大懂科技，所以我们在呈现调查结果时，应该使用观众能够理解和鉴别的概念。在商业中，观众能够理解的方式就是，他们能赚多少钱，或能得到多少投资回报。

此外，好的故事往往以这种形式结尾：决定采取什么行动，并能预测出这些行动的结果。当然，这就意味着分析师要提前与重要的利益相关者协商，讨论不同的行动情景。谁都不希望分析师对他指手画脚。

洲际酒店集团（Intercontinental Hotels Group）的首席分析师戴维·施密特（David Schmitt）强烈认同讲好分析故事的重要性，并在博客里写下好故事该具有的特征：

> 什么样的故事才是好故事呢？只要有时间，我就会向专家请教这个问题。那时，故事讲得最好的人在皮克斯动画工作室，诸如《海底总动员》《超人特工队》，还有《玩具总动员》，这些故事都是源于那里。皮克斯动画工作室的分镜师埃玛·科茨（Emma Coats）在 Twitter 上发布了 22 条讲故事的原则。尽管这 22 条原则不是都适用于分析，可是我发现，其中有三条是与分析特别相关的。

- 在设计好故事的中间部分之前想出结尾。实话说，故事难在结尾，所以让你的结尾走在前面。你的分析结果是你讲述这个故事的唯一原因，讲完故事之后，你希望听众知道些什么呢？更重要的是，你希望他们做些什么？用这一点来检测你要讲的故事的其他部分，只保留那些能支持你的结尾的东西。
- 把它写在纸上，并开始付诸行动。如果让它停留在脑海中，即便再完美的观点，也无法与他人分享。从你的头脑开始创造性地讲述故事，可一旦将它写在纸上，故事便会带你到未曾想过的地方。我可以在脑海中反复思考，自己该如何讲述一个故事。可是，一旦我迫使自己将故事写下来，创造性的观点就会开始形成，不管是写在纸上，还是电子文档或是 PPT 上，都不重要。
- 你的故事的宗旨是什么？你如何最简化地讲述它？如果你知道了这些，就可以先用 3～5 个句子讲述出故事的基本要点。如果你做到了这一点，再去填充细节就容易得多了。

为你与利益相关者之间的交流拟定一个框架，这样就能明确分析过程中要做些什么，以及商业决策者或发起人要做些什么。比如，财捷集团（Intuit）的乔治·鲁米梅利奥狄斯（George Roumeliotis）带领一个数据科学小组，根据财捷集团收集的大量网络数据，分析和创造出了产品特征。对于他的小组参与的每一个项目，他都有一套关于如何分析和交流分析结果的方法，而且，大多数步骤都有着强烈的商业定位：

1. 我对这个商业问题的理解；

2. 我如何估量它的商业影响力；

3. 哪些数据是可以用的；

4. 最初的解决方案；

5. 最终的解决方案；

6. 该解决方案的商业影响力。

有人建议使用这一方法的数据科学家开设一个维基百科，以便公布每一步的结果，这样消费者就可以查看和评论维基百科上的内容。鲁米梅利奥狄斯说，尽管有了可以对结果进行评论的网站，但仍然要提倡数据科学家和消费者之间进行直接交流。

不参与交流的东西

由于分析师用惯了术语，比如陈述使用的统计方法、指定实际的回归系数、指出 R2 水平等，他们往往假定观众也能明白这些术语。但这是一个悲剧性的错误。大多数观众都听不懂太过技术性的表达或报告。正如洲际酒店团体的一位分析师所言："没有人会关心你的 R2。"

还有一些分析师冒险从得出结果的顺序入手，来描述他们的分析结果："我们首先去掉数据中的异常值，然后再进行对数转换，这就形成了高度的自相关性，这样一来，我们就创造了一年的滞后变量……"分析师当然是了解情况的，但观众并不关心你的过程，他们只关心结果和影响。将这些信息用在报告或陈述的附录中可能会有用，但是，你用数据讲故事时，别让它们妨碍你，一定要从观众真正需要了解的东西开始。

有成功，也有失败

呈现定量结果是一门长期使用的技术活，在使用这门技术时，你有可能成功说服观众，也有可能彻底破坏结果在观众心目中的重要性。让我们分别举一个例子。

成功传达结果的例子 |

众所周知，弗洛伦斯·南丁格尔（Florence Nightingale）是护理事业的创始人，是医院卫生疗法的改革者，同时也是定量分析法的早期使用者。1854 年 10 月，克里米亚战争时期，38 岁的志愿者护士南丁格尔被送到一所驻地土耳其的英国军事医院，那时她就发现，临时医院的条件太过恶劣，多数死亡都是由流行病、地方病和接触性传染病引起的。1855 年 2 月，医院的死亡率高达到 43%。那时，南丁格尔就清楚地认识到，需要提高医院的基础卫生条件，并可以用统计学来解决这个问题。于是，她开始收集数据，并详细记录下每天的住院室、枪伤病人、疾病病人、治疗情况和死亡情况，然后将这些记录分门别类。

不过，南丁格尔的伟大创新在于对结果的呈现。南丁格尔自小就对数字和制表信息感兴趣。尽管她自己认识到了数字证据的重要性，可她同时也明白，并不是人人都对数字图表感兴趣，大多数人都会避开这些数字，漏掉某些证据。她希望读者看到自己的统计信息，于是，她用了一个图形，向大家呈现由不卫生的条件引起的不必要的死亡人数和改革的必要性（见图 3-1）。如今可以确定的是，在那时，这种呈现数据的方法是相对新颖的。

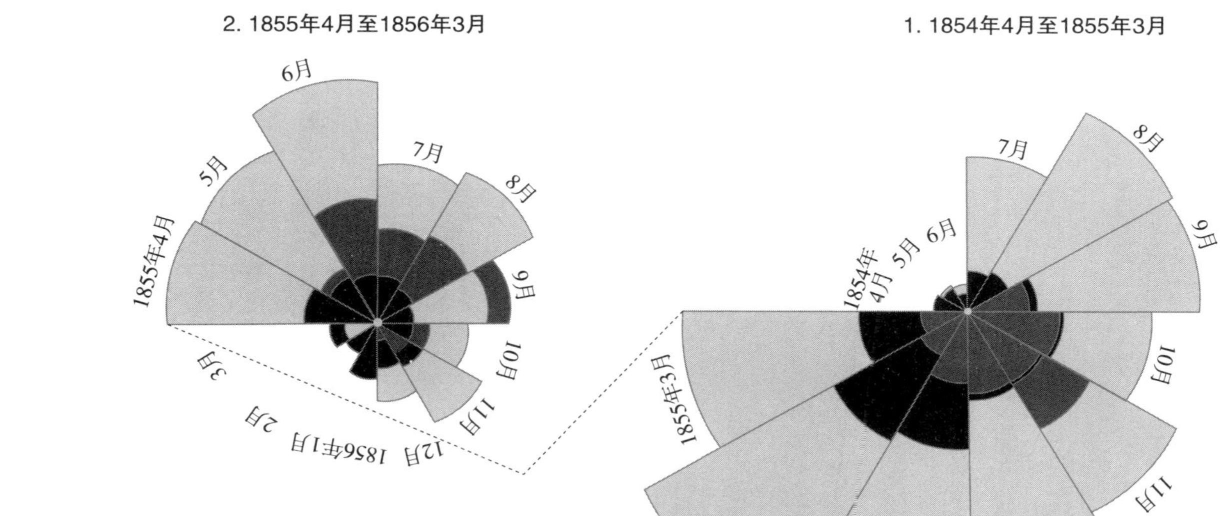

- 饼形图中心的圆点代表总的死亡率。
- 浅灰色区域代表由可预防性疾病导致的死亡率；深灰色区域代表由枪伤导致的死亡率；黑色区域代表由其他原因造成的死亡率。
- 1854年10月和1855年4月的黑色区域与其深灰色区域代表的死亡率相等；1856年1月和2月的灰色区域与黑色区域代表的死亡率相等。
- 相比于整个饼形图中的灰色区域，深灰色区域和黑色区域代表的死亡率更接近一些。

图 3-1　弗洛伦斯·南丁格尔关于克里米亚战争时期英国士兵死亡原因的可视化分析

南丁格尔新创的图形是一个饼形图，以楔形切入的方式展示内容。此外，南丁格尔还将图标印成了几种颜色，清楚地表明死亡原因的月度变化。用数字和图标作为证据，既清楚又明白。

南丁格尔不断向英国报告医院的条件，不停地催促他们进行改革。国会的议员们不喜欢数字图表，她就用自创的图表向他们汇报克里米亚战争中的医疗护理情况。人们吃惊地发现，被送到医院的受伤士兵，痊愈的少，死亡的多。最终，根据南丁格尔的系统收集，死亡率急剧减少，而且在持续减少。1856 年 6 月，克里米亚战争结束后，她返回英国，那时，她已声名远扬，成了人们心目中的英雄。

1859 年，南丁格尔成为皇家统计学会（Royal Statistical Society）的一员，而且是第一位女性成员，1874 年，她又成为美国统计协会（American Statistical Association）的名誉会员。著名的统计学家兼世界第一个大学统计学系的开设者卡尔 · 皮尔逊（Karl Pearson）认为，南丁格尔是应用统计学发展过程中的"女预言家"。

传达结果失败的例子 |

关于交流结果失败的例子，我们来看格雷戈尔 · 孟德尔（Gregor Mendel）。1884 年，基因遗传观点的提出者孟德尔在死前这样说过："我的科学研究给我带来了极大的喜悦，而且我相信，不久以后，全世界都会认可我的工作成果。"最终，世界的确发现了孟德尔的成就，可是，那是几十年以后的事了。或许，如果他能更好地传达自己的成果，人们会更快地采用他的观点，或许还能赶在他活着的时候。

修道士孟德尔是新遗传科学的先驱。当时，生物学的领先理论是：遗传特征是代代相传的。而孟德尔研究发现，基因信息的代代相传有着特定的规律（这些规律后来以他的名字命名）。自进入20世纪以来，人们才认识到孟德尔研究成果的重大意义。这些规律的独立发现为现代遗传科学奠定了基础。

在修道院里，孟德尔通过精心设计的实验和一丝不苟的操作，找出了遗传的数学原理。他着手研究普通的豌豆，因为豌豆便宜，占地小，而且繁殖快（一年两次）。孟德尔挑选那些有特殊特征的纯种植株进行异花授粉，然后观察几代品种的结果。

1856—1863年间，孟德尔耐心而又细致地研究了自花传粉，他将每一个植株包裹起来，以免昆虫意外授粉。经过8年的潜心研究，孟德尔用225个原始的母本植株，培养出了12 980个豌豆植株，他从这些母本植株中提取出复杂的数据，以观察是什么模式和规律支配着遗传特征的获得。他发现的隐性的主导特征就是后来的基因。

如果孟德尔在传达结果时能像他的实验那么成功就好了。当时，他将研究成果发表在一份鲜为人知的《摩拉维亚科学杂志》（*Moravian Scientic Journal*）上。该成果传到了欧洲和海外的130多个科学协会，可在当时并未产生什么影响，甚至在接下来的35年里，大概只被引用了三次。孟德尔那复杂且详细的成果，甚至连同一领域的有影响力的人都不理解。如果孟德尔是一名专业的科学家，而不是修道士，那么，他或许会把成果设计得更大众化一些，或许还会将成果发表到国外。孟德尔还试图联系国外的科学家，他曾写信给达尔文，其他人也将他的成果重新复印了一些，只是现存下来的很少。据说，达尔文根本就没有看孟德尔的作品。

尽管孟德尔在死前不久曾说过："我的时代要来了。"可是很难相信，他当时是否真的那样想。他永远也不知道自己的成果对历史的影响有多大。尽管孟德尔取得了璀璨辉煌的研究成果，可科学界花了 30 多年才明白过来，直到 20 世纪早期，人们才意识到他的观点的重要性，那时，该领域的科学家才认可了孟德尔的领先地位。可以从这里学到什么呢？如果你不想自己的杰出成果被长久忽视，就必须重视如何去传达它们。

数据可视化的无限可能

如今，我们有着许多南丁格尔和孟德尔所处的时代所不具备的交流方式。如果你只是将数字或简单的图标印在纸上或屏幕上，那么你或许还没用上所有的工具。当然，恰当的交流工具要取决于当时的环境和观众，你总不能为了性感就运用性感的可视化分析。

然而，过去几年来，可视化分析（又叫"数据可视化"）得到了巨大的发展。如果你只用条形图和饼形图，你只是抓住了可视化的皮毛。"可视化分析的目的和类型"并不包括所有可能的选择，但已经涵盖得非常全面了。你很难决定该将什么图表用作哪种用途，可是在某种程度上，你的可视化分析软件会根据你数据中的变量为你做这些。比如，SAS 可视化分析软件已经实现了帮助用户区分图表的使用和目的的功能，它的特征就是"自动化图表"。再比如，如果数据中包括"日期或时间种类和其他种类或措施的数字"，那么，该程序会自动生成一个线形图。

数据可视化分析的目的和类型

看清数据点之间关系的可视化分析类型：

- **散点图：**在二维网格上显示两个变量之间的关系；
- **矩阵图：**显示不同层次的变量关系与频率；
- **热图：**用颜色表示蕴含在模型中的个体价值；
- **网络图：**显示实体之间的关系，以及两者之间路径的强度。

比较一组频率或数值，尤其是一组可变的频率或数值的可视化分析类型：

- **条形图：**条形的长度代表着数值的大小；
- **直方图：**条形图的一种，长条表示特定间隔的数据频率；
- **气泡图：**以圆圈的形式展现一组数值，圆圈的大小与数值的大小一致。

展现一个变量相对于另一个变量而言增加或缩短的可视化分析类型（尤其指事件）：

- **线形图：**二维的曲线图，一般有着带有标准数值的一个或多个变量；
- **堆叠图：**有着临时填充的线形图，一般表示多个变量的变化，还可以用不同的颜色表现不同类型的变化。

看清整体中的部分以及它们之间的相互关系的可视化分析类型：

- **饼形图：**以饼状的形式展现一个变量的数值的分布和每一个部分相应数值的百分比；
- **树形图：**以不同层次的变量展现数值的大小，比如每个国家的领地 / 大陆 / 乡村和人口分布。

了解不同地域的数据的可视化分析：

- 将总结性的数据堆叠在用颜色、气泡或长钉表示不同数值的地图上。

分析文本频率的可视化分析类型：

- **标签云图：**将字词频率可视化，常见的字词就用大一些的字号表示；
- **词组网：**展现组合字词的频率，常见的字词用大一些的字号表示。

工作表上列举的可视化分析的类型是静态的，不过可视化分析正逐渐向动态化和交互式的方向发展。瑞典教授汉斯·罗斯林（Hans Rosling）在 TED 演讲中就普及了这一方法，它用可视化分析来展示发达国家和发展中国家之间变化着的人口健康关系。此外，罗斯林还创建了一个名叫 Gapminder 的网站（www.gapminder.org），以展示这些交互式可视化分析的类型。将来，我们很可能会见到更多展示数据动态化的交互式分析，可是，它们不一定适合所有类型的数据和分析。

有时候，你可以用比图像更具体的方式输出信息。比如，市场研究员文斯·巴拉巴（Vince Barabba），他还是几家大型公司如通用汽车、施乐公司和柯达公司的战略家，他在帮这些公司分析该如何最好地传达市场研究成果时，提出了创造性的见解。比如，在通用汽车公司，他知道，高管们对评估汽车的三维黏土模型的潜能非常熟悉。所以，当他得出非常重要的研究成果时，他就将图形结果制成三维模型，让高管们可见可触。以可感知的方式了解市场需求，这样的展示赋予了这种方式新的意义。

洲际酒店集团旗下有几个分析小组，戴维·施密特则是其中一个名叫业绩策略与计划（Performance Strategy and Planning）的财政机构的组长。施密特的小组负责讲述“发生了哪些事”和有关洲际酒店集团的报告式的故事。他们十分注重“用数据讲故事”，并且用上了所有可用的工具为他们的成果争取关注，并利用成果刺激行动。虽然他们有多种方法去实现这些，但那要取决于他们的观众。他们使用的其中一种方法就是制作“音乐视频”，一种时长 5 分钟的独立视频，以图片、声音和视频的方式解释分析成果背后的观念，最后以言语呈现的形式，再加以辅助信息，使人们理解概念背后的含义。

施密特团队最近制作了一个视频，描述了对夏季需求的预测。视频的标题为“夏日自驾游”，视频的内容是，一辆汽车从路上开过，沿途的路标上写着“前方是‘高需求’”，一路上还有市场统计的广告牌。该视频的目的是让观众思考，眼前绩效的主要驱动因素是什么，它们于不同的地区有什么关联。如施密特所说：“数据不是重点，数字也不是重点，重要的是观点。”只要基本的观点得到了传达，施密特就会用传统的方法呈现数据。不过，他希望，之前观看的视频，能让人们的大脑做好准备、能够适应。

传达分析结果和模式的另外一种方式就是游戏。游戏可以用来传达变量在复杂的关系中是如何相互作用的。比如，20 世纪 60 年代麻省理工学院开发的“啤酒游戏”，它是根据啤酒公司的分销流程制作的仿真游戏，已经有成千上万家公司和学生用它来教授供应链管理模式和原则，比如“牛鞭效应”，它是指因供应链参与者提供的信息不足导致的订单量的不稳定。其他公司则着手开发自己的游戏，以传达特定的目标。物流公司施耐德物流公司（Schneider National）开发出了一款仿真游戏，以传达分析性思维在调度车辆过程中的重要性。游戏的目的是将指定收入的可变成本降到最小，将司机闲置的时间缩到最短。玩家利用辅助工具来决定装货与卸货。施耐德物流公司通过这个游戏让员工们明白，分析性决策辅助手段的价值；同时，该公司还通过游戏传达商业动态，改变员工的心态，将他们从“接单员”转变为“创收人”。有些施耐德物流公司的客户也在玩这个游戏。

此外，公司还可以用当代的技术让决策者与数据进行直接的作用。比如，德勤会计师事务所（Deloitte Consulting）还开发出了一个有关机场运营的询问与报告系统，该系统在谷歌地图上甚至能显示出某一班飞机飞往的机场。我们就以达美航空公司（Delta Air Lines, Inc.）为例。不同的颜色表示飞机在某个机场的好坏表现，红色表示不好，绿色表示好。在地图上点一下代表某个机场的符号，就会出现有关该机场的财政和运营的数据。点击不同的按键就会出现人事、客户服务水平、财政、运营或问题区等信息。这个应用程序只是我们如今可用的且容易使用的交互技术之一。

报告的背后是决策流程的提升

呈现或报告并不是唯一可以讲述分析计划的方式。如果分析师能产生近乎创造价值的结果就更好了。比如，许多公司正逐渐将分析学纳入决策的环境中。在保险、银行和面向客户定价的环境中，比如航空公司和酒店，基于分析系统的自动化决策十分常见。实际上，有时候，要让一个人看你的贷款和保险政策应用非常难。我们知道分析学该用在这些环境中，因为很多问题让我们别无选择，或者至少，选择寥寥无几，人类有时也需检讨特殊情况。如果你是一名定量分析师，或者一个重要决策流程的负责人，那么你的任务就是开发和执行这样一个系统，这比写一份报告有用得多。

在网络信息行业，各公司都拥有多达拍字节信息的大数据。新进信息的体量大、速度很快，人类很难全部理解。在这样的环境中，这些公司的数据科学家往往分布在产品开发部门，他们的目标是开发出产品模型和新的产品特征，而不是报告或传达结果。

比如，领英的数据科学小组属于产品部门的一部分，他们根据社交网络和工作之间的关系开发出了新的产品特征和功能。他们对“你可能认识的人”“人才匹配”“你可能感兴趣的工作”以及“你可能喜欢的小组”进行了可视化展示。其中的一些特征对领英客户群的增加和维持有着极大的影响。

如果你或你公司的定量分析师主要负责处理内部问题和流程，那么，你仍然不能只用一个报告或一份呈词就交付成果，你的目标是切实地提高决策流程，如此你和分析师才会采取一切手段提高这个流程。当我们调查某些公司如何在几年前提高了 57 个不同的决策水平时，结果发现，促进这种提高的第一大因素是分析学。而“文化和领导方式的改变”是第二大因素，“数据”是第三，“改变商业流程”是第四。通常，受访的公司会提到 5 种以上促进决策水平提高的因素。这就意味着，分析师不仅要做分析师，还要担当商业趋势的顾问。

当结果不再意味着行动

我们希望定量分析师得出的结果能促成行动，可是有时候，即便再好的结果也未必会带来特别的行动，尽管了解这些结果非常有用。比如，金镇浩就曾研究在下围棋时先出棋子的意义。围棋是世界上最古老的战略性游戏之一，它需要的元素，如线、透镜状的黑白块，或者说“石头”，其遵循的规则都很简单。尽管游戏非常简单，可是几千年来，它锻炼了人的灵活性，还吸引了不少玩家。在亚洲，尤其是在韩国、日本和中国，有数千万人喜欢围棋，还有近 1 000 人以参加奖金高达数百万美元的围棋比赛为生。

游戏一开始，板子上是空的。一个玩家拿黑棋，另一个玩家拿白棋。黑白交换，黑棋先行。这就占了优势，可从没有人研究过到底有多大的优势。从 1974 年起，在专业比赛中，因为黑棋先行，所以要给白棋 5.5

分的补偿分。这就是贴目（komi）。①

金镇浩分析了从韩国 577 场职业比赛中得来的数据，以研究 5.5 分是不是贴目的价值。结果表明，它的价值太小了。不过，分析的过程中出现了复杂的情况，先出棋的优势只能在那些富有经验的人身上体现出来。

成功的关键

我们如今已描述完了分析性思维模式中的 3 个阶段和 6 个步骤。如果你将所有步骤放在一起进行分析，就能分析和解决所有的定量问题。即便你没有很好的经验，也能完成大部分步骤，因为只有少数步骤需要实际的统计和数学分析工作。在这些过程中，计算机可以为你做完大多数无聊的工作。

成功的关键是确保自己想好了该从哪一步开始，以哪一步结束。如果能正确区分和构建问题，就可以直截了当地进行下一步了。如果你没有有效地传达结果，那么什么行动也不会发生。所以，这是非常重要的一步。

① 贴目：围棋术语。黑方由于先手，在布局上占有一定的优势，为了公平起见，在最后计算双方所占地的多少时，黑棋必须扣减一定的目数或子数。——编者注

KEEPING
UP
WITH THE
QUANTS

分析性思维实例

预测离婚

一对新婚夫妇找到一位聪明的数学家，据说他可以预测婚姻，于是请他预测他们是会幸福到老，还是会以离婚收场。夫妇俩在一间屋子里相对而坐，两人用15分钟的时间谈论了一件有争议的事。数学家分析了他们的谈话记录，然后预测道："你们俩还是赶快离婚的好。"他的预测往往具有惊人的准确性。这位能预测恋人婚姻走向的数学家就是牛津大学教授詹姆斯·默里（James Murray）。他与华盛顿大学教授兼心理学家约翰·戈特曼（John Gottman）合作展开研究。戈特曼提供假设和数据，这些都是从众多夫妻的录像带和编码的观察结果中得出的，而且长期以来他一直对促使婚姻成功的原因很感兴趣。默里则提供研究非线性模式的专门知识。研究完成以后，戈特曼成功地将他们的研究结果与世界各地的夫妻交流。让我们看一看他们在3阶段6步骤框架中使用的方法：注重结果的传达。

识别与构建问题。包括美国在内的发达国家，离婚率上升一直是一种普遍又不太被理解的重大现象。然而，无论婚姻稳定与否，若没有从理论上去理解其中的过程，就很难去设计和评估新的婚姻。如果你能构建一个数学框架来描述一段持久的婚姻，那么这个框架就能为有关婚姻关系的科学理论提供基础。默里和戈特曼据此推算出了夫妻关系的公式。

回顾之前的发现。计算婚姻幸福的可能性，算不上新鲜事。然而，默里和戈特曼发现，此前人们对离婚的预测既不严格也不准确。于是，他们又向前迈出了一大步：合伙构建了一个数学模型，来预测夫妻是否会离婚，其准确性达到了惊人的程度。戈特曼已经花了几年时间研究手机与结婚和离婚之间的联系，所以，他对这方面非常熟悉。

建模（选择变量）。默里和戈特曼提出，对话能反映出夫妻之间潜在的问题，他们在对话中的争吵、欢笑、调侃和情感表露创造了某种情感关联。他们还特别注意了以下反应：幽默、赞同、高兴、喜欢、感兴趣、愤怒、控制欲、悲伤、抱怨、好斗、防卫、厌恶、妨碍和蔑视。

收集数据。研究人员邀请了 700 对夫妻参与实验。他们单独在一间屋子里相对坐下，然后谈论一个有争论的话题，比如金钱和性，或是与姻亲的关系。默里和戈特曼让每一对夫妻持续谈论这个话题 15 分钟，并拍摄下这个过程。观察者看完这些视频之后，就根据丈夫和妻子之间的谈话给他们打分。那些在谈话中表现出喜欢、幽默或幸福的人被给予最高分，而那些表现出轻蔑和好斗的人则给出最低分。默里和戈特曼认为，轻蔑比厌恶、悲伤或愤怒更具破坏性。分数从 4 分到 –4 分，具体情况如下：

幽默：4	悲伤：–1
赞同：4	抱怨：–1
高兴：4	争斗：–2
喜欢：4	辩护：–2
兴趣：4	妨碍：–2
愤怒：–1	厌恶：–3
专横：–1	蔑视：–4

分析数据。默里和戈特曼的工作就是鉴别那些能预测婚姻是分是合的模型。首先，他们将夫妻双方的分数标绘在一个图表上，两条线的交叉点就可以说明婚姻能否长久稳定。如果丈夫或妻子持续得负分，两人很可能会走向离婚。重点在于定量谈话中正负作用的比率。理想中的比率是5∶1，如果低于这个比例，婚姻就遇到问题了。最后，将结果放在一个数学模型上，这个模型用差分方程式凸显出成功婚姻的潜在特点。

默里和戈特曼根据得分，将这些夫妻分成5组：

- **幸福的夫妻**：冷静、亲密、相互扶持、关系友好。他们更喜欢分享经验。
- **无效的夫妻**：他们尽最大努力避免冲突，只是通过积极回应对方的方式。
- **不稳定的夫妻**：他们浪漫而热情，可争论异常激烈。他们时而稳定时而不稳定，可总的来说不怎么幸福。
- **敌对的夫妻**：一方不想谈论某件事，另一方也同意，所以，两者之间没有交流。

- **彼此无感的夫妻：**一方兴致勃勃地想要争论一番，可另一方对讨论的话题根本不感兴趣。

该数学模型呈现了两种稳定型夫妻（关系和谐的夫妻和关系不和谐的夫妻）和两种不稳定型夫妻（敌对夫妻和无感夫妻）之间的区别。而据预测，不稳定的夫妻可能会一直保持婚姻关系，尽管他们的婚姻不稳定。

12 年以来，每隔一两年，默里和戈特曼都会与参与研究的那 700 对夫妻交流。两个人的公式对离婚率的预测达到了 94% 的准确率。只有 94% 的准确率是因为，他们预测的那些虽然婚姻不稳定但仍能维持婚姻关系的夫妻到最后都离婚了。

传达结果并采取行动。该数学模型发表在默里和戈特曼与其同事合著的《幸福的婚姻》（*The Mathematics of Marriage*）一书中[①]。该书最开始是为其他学者而写，然而不像其他学者那样，戈特曼对这个研究项目的实际应用非常感兴趣。他还发表了许多关于该研究的书籍和文章，还和他的妻子一起创办了戈特曼关系学会网 www.gottman.com，该网站上有训练课程，有关于改善关系的视频，还有其他各种交流工具。这些努力也给治疗师带来了便利，为他们提供了新的工具，以帮助夫妻战胜破坏性的交流方式，以免婚姻破裂。戈特曼学会网还为治疗专家创造了一系列教材和讲习班。最终，该模型还让研究人员模仿夫妻在不同情况下的反应。这样一来，建模就引发了假设性的思维实验，以为面临婚姻问题的夫妻设计出具有科学性的干预策略。

① 《幸福的婚姻》是婚姻教皇、人际关系大师、心理学家约翰·戈特曼经典作品，剖析了男人与女人的长期相处之道。他还著有讲述人际关系之道的《人的七张面孔》。这两本书已由湛庐文化策划、浙江人民出版社出版。——编者注

戈特曼进行了规模最大的随机临床实验（这是一个疯狂的科学故事），让10 000多对夫妻参与研究。他还指出了该研究对夫妻关系的实际帮助：

> 过去8年来，我和我那无比有才的妻子一起，试着整合这些观点，并用我们的理论来帮助夫妻和孩子。如今我们发现，这些干预真的起到了很大作用。我们能通过一个为期两天的讲习班和9个疗程的婚姻治疗，挽救75%处于痛苦中的夫妻。

这就是我们所说的有效的结果传达和行动！

FICO评分系统，让信用可评估

FICO评分系统得出的信用分数范围在300～850分之间，是某个人在特定时期的财务状况的显示，分数越高，说明信用风险越小。当你申请贷款时，无论是信用卡还是贷款，放贷人都希望知道借钱给你会冒什么样的风险。FICO得分是一种信用分数，大多数放贷人凭借这个分数来判断你的信贷风险。你的FICO得分决定着放贷人在指定时期内会贷给你的金额、贷款期限以及利率等。这个将分析学转化为行动的例子很典型，因为美国所有的放贷人都在使用它。让我们看看它如何在3个阶段6个步骤框架中动作的。

识别和构建问题。信用分数提供了一种快速、客观的测量方法，来帮助放贷人评估客户的信用风险。在使用FICO得分之前，信贷的过程缓慢、充满矛盾而且不公平。工程师比尔·费尔（Bill Fair）和数学家厄尔·艾萨克（Earl Isaac）想出了一个方法，如果他们能根据申请人的个人财务记录等因素，系统地计算出违约风险，那么他们就可以做出更好的商业决策。于是，1956 年，他们成立了一家公司，专门开发这种模式，并于两年后开始出售他们的第一套信用评分系统。第一套通用的 FICO 评分系统则于 1989 年登场。

回顾之前的发现。信用报告在 100 多年前就有了，那时，小规模的零售商汇聚一起买卖有关顾客财务情况的信息。然后，商会就演变成了小型的信用资料社，后来，随着计算机的出现，这些小型的资料社又整合成了一家大型资料社。然而，通用的信用评分系统还尚未成型。

建模（变量选择）。费尔和艾萨克从信用报告中不同的信用数据之间选择了以下变量，可分为 5 种，这些变量不包括年龄、性别、种族、国籍和婚姻状况，如表 3-1 所示。

表 3-1　费尔和艾萨克的信用分析变量

付款记录	某类账户上的付款信息；是否出现不良记录、托收业务或者违法行为；不良行为的严重程度；拖欠账款或托收业务的数目；逾期时长；有记录的逾期项目的数量。
账户总金额	账户上所有的金额；具体类型的账户金额。具体某类账户的金额；账户额度不足的情况；有余额的账户数量；已使用的信用额；仍在分期付款的比例。
信用记录跨度	自从开户以来的信用记录；自特定类型账户开户以来的信用记录；自从有账务动态以来的信用记录。
新账户	最近的开户数目以及特定类型账户的开户比例；最近的信用调查情况；特定类型账户的开户时间；信用调查的时间；在还款问题后重建积极信用的记录。
信用类别	各种账户的数目。

收集（测量）数据。美国人的财务情况受三大信用报告机构的监督，它们分别为艾克飞公司（Equifax）、益百利公司（Experian）和环联公司（Trans Union）。每个月，金融机构或债权人都会送来信用报告机构的信用档案，其中包括客户的账户数量、信用类型（比如房屋贷款、信用卡贷款和汽车贷款）、未偿还余额和支付记录等。每个机构掌握的有关个人用户的数据各不相同。由于 FICO 评分系统是依据信用报告机构档案上记录的信息得出的，所以，每个用户就有三个 FICO 得分：分别来自三家信用报告机构的三个得分。

分析数据。总的来说，信用评分要考虑到用户信用报告中的许多不同信息，但这些信息不都是同等重要的。信用记录上的某些方面会比其他方面重要，占总分的比重也更大些。FICO 评分是根据费尔和艾萨克的专用公式计算出来的，尽管该公式的精确成分和计算方法还不允许公布，但他们还是公布了以下成分：

- 35%：支付记录；
- 30%：信用使用情况；
- 15%：信用记录跨度；
- 10%：信用类型；
- 10%：近期咨询情况。

传达结果并采取行动。FICO 评分系统并没有存储 FICO 得分的数据库。当放贷人询问信用得分时，放贷人向哪家信用报告机构咨询得分，得分就由那家信用报告机构生成。FICO 评分系统会向信用报告机构提供一个软件，软件上设置了得分的算法。然而，因为每一家信用报告机构都稍微改动了自己的算法，所以不同的信用报告机构生成的分数也就不同。

FICO 评分系统的分数在 300 ~ 850 分之间变化，得分在 770 分以上的人就能享受最高的信用等级，不过 700 分也算良好。中等分数是 725 分。如果分数降至 650 分以下，那么用户就只能获得“次级”贷款资格，而且贷款的利率也会上涨许多。

FICO 得分是世界上最常用的信用分数，它通过提高风险评估，极大地提高了美国信用市场的效率。它完全依据用户的借贷记录，让放贷人更好地评估借贷风险。越来越多的公司正在检查信用报告中的数据，并打算利用这些信息，决定是否与某位客户做交易和根据得分对客户进行定价。有些雇主还通过信用得分来录取员工。许多汽车保险公司用它来判定经济责任，他们认为，这与个人的驾驶责任密切相关。简而言之，这是对分析性思维的最好的利用。

价值商店

1999 年 5 月，家禾超市（Homeplus）通过与乐购（Tesco）合资，入驻了韩国的超级市场。当时，韩国的超级市场还是一片“红海”，11 家玩家的竞争异常激烈。加入这场无限竞争的不仅包括易买得超市（E-mart）、乐天超市（Lotte Magnet）、金氏俱乐部（Kim’s Club）、Hanaro Mart、LG Mart、Mega Mart、Aram Mart 和 Top Mart 等当地零售商，还包括资金充裕的西方零售商。家禾超市作为第 12 家玩家加入到这一战局，却创造了“10-10”的传奇成绩，即仅 10 年内就在韩国达到了 10 万亿美元的销售量，此外，家禾超市的年均销量增加了 47%，利润增长率也达到 175%，完败了早期的公司。家禾超市成功的秘诀就是它的 CEO SH · 李和其“只为赢”的策略。李的策略是通过全方位市场研究而得出的新型武器，它就是“价值商店”的概念，它彻底扭转了关于超级市场的传统观念。虽然这并不是统计学研究，但仍可以用 6 个步骤的模式来描述。

识别和构建问题。家禾超市清楚地认识到，重蹈其他竞争者的覆辙，不可能取得成功。因此，它必须创造一种与超级市场中现有卖家完全不同的商店概念。那么，这个概念是什么呢？通过研究大量市场理论和众多思考，家禾超市从“顾客至上”的原则里找到了答案。现有的超级市场就是一个“仓库”，里面全是打包的盒子，放在无聊的货架上。打造顾客需要的超级市场，唯一的方法就是对顾客的需求进行调查和分析。

回顾之前的发现。要获得对现有的超级市场顾客的市场调查是不可能的，因为那是其他商家的保密资料。李的座右铭是：“要成为世界上最好的商家，就得利用最好的方法，做得更好。”也就是说，要清楚地了解当前世界上最好的方法，就是去实践与超越它。为了在全球化零售市场中学习最新的趋势，家禾超市用基准问题测试了各种零售渠道，比如，包括美国、日本、欧洲和东南亚在内的 25 个国家的综合类超市、超级市场、品类杀手、百货公司和各种购物中心，从中学习，让家禾超市往更好的方向发展。

建模（变量选择）。零售商和客户调查中的变量包括：

- 购物场所和选择这个购物场所的原因；
- 购物目的、满意度和抱怨。

收集（测量）数据。收集数据的方法主要有两种：

- 拜访和分析世界各地的零售商；
- 一个独立调查机构对韩国的客户进行综合的有组织的市场研究和客户调查。

分析数据。数据分析结果很是令人吃惊。价格并不是客户唯一需要的东西，虽然它是一项重要的需求，但客户们真正想要的是高价值以及将时间和产品的使用一起考虑进去的一个合理的价格。同时，他们还希望自己作为客户的价值被重视。因此，他们希望商店具有优质的外观和感觉体验，以及与之相匹配的服务质量。更重要的是，客户不仅希望能以低价买到各种产品，还希望能在一个舒适的购物环境中享受“一站式服务”。因此，家禾超市要追求的新型超市概念就是“价值商店”，这样的商店不仅出售各种物美价廉的产品，还能提供客户真正需要的“生活价值”，即亲和的服务、舒适的购物环境、便利的设施、各种教育课程以及刺激的文化和娱乐服务。

传达结果并采取行动。家禾超市在安山的第一家商店，在设计上要求购物环境和百货公司一样舒适，便利设施要能提供一站式生活服务，包括能容纳 400 个座位的饮食区、药房、诊所、眼镜店、自助洗衣店、银行、儿童游乐场、护理室，甚至还有政府的公共服务中心。一个文化中心不仅能让商店成为购物场所，还能使它成为商店服务区内的社区中心。在家禾超市开业之前，参观过其场地的零售专家们都纷纷摇头，他们说，超市的基本原理被忽略了，将不必要的便利设施放在昂贵的一楼是没有道理的。超市的生意就像一场“空间游戏”，空间就是金钱，所以，规则就是要在已有的空间内获得最大的销售量。也难怪零售专家们会觉得在一楼开设“文化中心”毫无意义。

家禾超市的联营伙伴乐购超市派人来参观后，也对他们的设计有所质疑："客户走到一楼，能看到新鲜的食物不是更好吗？这样的设计不是才符合零售的特点吗？"可是李回答说："决定是 CEO 下的，客户就是 CEO。"然后继续他的计划。

家禾超市安山店是韩国的第一家价值商店，它开店的第一天，销售量就突破了纪录，达到邻近的两家竞争商店销量总数的 1.5 倍，客户人数也达到 10 万，相当于 5 公里半径范围内的居民数量。客户对商店的外观和感觉，以及前所未有的设施感到非常惊喜。尽管如此，零售专家还是预测，家禾超市这样撑不过一年。然而，家禾超市每开一家分店就会创造新的纪录，而且不断地迅速发展。2001 年开业的首尔永登浦区的店销量甚至超过了百货公司。家禾超市的爆发式发展使它在全球声名鹊起。一些投资分析家说：

> 家禾超市将西方市场的感觉与先进的零售技术进行了艺术般的融合。
>
> 与竞争者相比，其商店的观念具有独到之处。
>
> 家禾超市的销量出乎人的意料。

尽管其他竞争者将其仓储式的商店转变成价值商店，却不像家禾超市那样能继续提供有特色的服务，包括成人教育学校。家禾超市在全韩国 124 家连锁店中有 110 家设有学校，每年有 100 多万学员和 6 000 多名导师。这是世界上最大的成人学习活动。家禾超市通过开设学校获得的最大利益就是赢得了客户的忠诚。许多客户说，他们喜欢家禾超市的第一大原因是因为它开有学校。家禾超市学校的学员对商店的光顾率是一般顾客的两倍。100 多万名禾超市学员的口碑是提高其品牌价值的强大动力。

KEEPING
UP
WITH THE
QUANTS

第二部分

未来人人都是分析师

KEEPING
UP
WITH THE
QUANTS

04

定量分析与创造性大融合

成就伟大的企业，造就伟大的个体

约公元前275年，一位年轻人去公共浴池洗澡，当他走进水池时，看见水从池子两边溢了出来。他忽地从水里跳了出来，光着身子往家里跑，一边跑还一边喊："eureka，eureka！"人们见了后，都以为他疯了。这个年轻人就是阿基米德，"eureka"在希腊语中的意思是"我发现了"。接下来，我们就简单地说一说他的发现，以及这个发现为什么令他如此兴奋。不过，在这里，我们不妨假设他在解决问题时运用了创造力和定量分析。

人们往往会觉得，创造力与定量分析是相对立的：创造力是去探索，以灵感为基础自由地思考、想象；而定量分析通常很乏味，生搬硬套，且总是离不开数字。但是，我们强烈地感觉到，创造力与定量分析并不矛盾，而且两者常常紧密相关。**对分析学的最成功的应用往往具有很强的创造力（我们希望你在之前列举的例子中已经发现了这一点），而创造力又是成功的分析法的重要组成部分。**我们也曾讨论过，单靠创造力，不借助任何数据或分析，并不能做出最好的决策。我们也常常发现，最成功的人和公司都同时应用了创造力和分析法这两大利器。

苹果公司可谓全球最具创造力的公司之一。实际上，该公司产品的开发方式是极具创造力的。然而，正是这家创造力极高的公司，在供应链运作过程中却应用了严格的流程管理和分析学的知识，以确保在恰当的时间推出恰当的产品。比如，该公司通过苹果商店收集大量的数据以供分析。一篇文章曾报道说："一旦某款产品上架，公司就可以通过苹果商店即刻了解产品需求，并调整当天的生产预期。"在苹果公司，供应链管理的职位描述要求申请者"必须同时拥有世界级供应链管理的应用知识、较高的分析能力和商业头脑"。即便是像苹果公司这样的高创造力公司都要求员工具有分析能力，所以将来，我们也许会看到更多创造力与分析学相结合实例。

当然，将创造力和分析学结合在一起有可能会很危险。你可能会想到达雷尔·霍夫（Darrell Huff）出版于 1954 年的《如何用数据说谎》（*How to Lie with Statistics*）一书，本书的标题恰好表明，正因为分析法很复杂，所以我们至少可以用定量分析法夸大事实。我们常听别人说（通常是开玩笑地说）："我们折磨统计学，使其屈服。"在使用分析法的过程中，我们很难区分创造力的合适与否。最大的区别就是，你是否真心求实。如果你在分析的时候利用创造力只是为了证明自己的（或你老板的）的观点是正确的，那么最好停下来，别去创新了。

快速回顾 6 个步骤

让我们快速回顾一下我们在第 1 ~ 3 章中描述的 6 个分析性思维流程，

并看看创造力是如何应用到这 6 个步骤中的。然后，我们将描述一个可叠加在这 6 个步骤之上的创造力流程。

在识别和构建问题这一步，创造力极其有用且很重要。在解决问题和决策时，以创造性的方式构建问题，使其得到有效解决，就会事半功倍。当分析性思维流程进行到这一步时，分析师会对数据做出假设，这往往是一次创造性的行动，多数凭直觉。也就是说，他们会假定某家公司或某种商业环境，在一系列条件限制下，通过创造力改变环境，以从不同的角度去看待环境，并且减少或消除限制。比如，在第 2 章中列举的葡萄酒方程式中，阿申费尔特将葡萄酒的价值问题，构建成通过天气变化和年份就能够预测的问题。同样地，在第 3 章中举的婚姻研究的例子中，詹姆斯 · 默里和约翰 · 戈特曼也创造性地认为，婚姻是否能维持可以通过夫妻间的一些行为进行预测。**利用创造性进行数据化决策，往往是意识到某些看似复杂的因素可以通过相对简单和可测量的因素进行预测。**

回顾之前的发现这个步骤并不是最具创造力的一步，这点无可否认。可是，在之前的发现和分析法中找出那些与现有问题相关的东西，这是需要创造力的。比如，“生存分析”（Survival Analysis）历来被用于了解其他生物体死亡的速度和环境。可是，有一位名叫鲁俊翔（Junxiang Lu）的研究者成功地将它用于预测电信行业的客户终身价值。其他研究者也用它来预测一些市场问题，比如，顾客到超市购买某种产品的时间。

此外，尽管从名字上看建模（变量选择）这一步骤是具有分析性的，可它同时也非常具有创造力——尤其是对那些首次利用某种模型的人来说。模型中的变量选择有时候会非常明显，可凭借直觉或者之前的发现又是一种创造性的行为。比如，我们在第 2 章中所描述的，有人利用句长来预测信件的作者是马克·吐温一样。这对在文献中读到信件的克劳德·布雷格（Claude Brinegar）来说是相对创造性的选择，可是对于首次利用它的托马斯·门德霍尔来说，却是一种极其聪明的办法。当然，如果你和大家一样，用同样的建模方法和变量来解决类似的问题，那么你可能会得到同样的结果——所以，何必再去做呢？

收集数据本身是一个乏味的过程，可是，决定收集什么样的数据却是创造性的。无论你是要研究人类的行为，还是老鼠的行为或者原子的运动轨迹，总有其他人想不到的方法。比如，社会心理学家米哈里·希斯赞特米哈伊（Mihaly Csikszentmihalyi）[①] 和里德·拉森（Reed Larson）想要研究青少年的态度和情感模式。为了收集相关数据，他们想出了一套独一无二的研究方法。研究人员向 75 名高中生发放了传呼机，并让一群毕业生在任意时候随机呼叫他们，以观察他们当时的情感。这种被叫作“经验取样法”的数据收集法如今已被人们广泛应用了。

研究人员发现，青少年在大多数时候都是不快乐的，对于这点他们并不感到惊讶，而让他们惊讶的是，当青少年专注于一项具有挑战性的任务时，他们的情感表现会变得积极。于是就有了 1984 年出版的《青春期：青少年时代的冲突与成长》（*Being Adolescent: Conflict and Growth in the Teenage Years*）一书。这是第一本重点描述创造力和专注力的书，而这种状态被希斯赞特米哈伊叫作“心流”（Flow），他在此后的许多作品

① 米哈里·希斯赞特米哈伊是“心流”理论提出者，积极心理学奠基人，创造力大师。他著有众多畅销书，其中《创造力》一书便是他潜心 30 年打造的重磅力作，论述创造力如何诞生。该书中文简体字版已由湛庐文化策划，浙江人民出版社出版。——编者注

中也重点描述了这种体验。实际上，他所做的，正是在创造性地收集有关创造力的数据！

在分析数据这一步上，我们也可以运用创造力，除非你十分擅长数学和统计学。即便那样，你也应该保守一些。创造力带给分析进程最大的障碍就在这里。每一种统计测试和数学分析的背后都有限制与假设条件，你并不想放宽这些条件，除非你真正知道自己在做什么。另一方面，在传达结果并采取行动这一步，创造力极其重要，也十分罕见。由于不懂分析的人们或许不太明白分析结果中的专业术语，所以优秀的分析师要想出创造性的方法，将结果以可理解的甚至有趣的方式呈现给人们。比如，不要和他们谈系数值或方差这些术语，而是用简单的语言，比如“如果我们增加 1 美元的广告花销，那么我们的平均收入将会是 1.29 美元”。这听起来或许并没什么创造力可言，可是比起运用专业术语，这样更便于理解和行动。

创造性分析思维的 4 个阶段

我们也不想列举太多阶段和步骤，可是这样更便于我们讨论创造性分析性思维在我们之前讨论的 6 个步骤中的分布。总的来说，创造力分析性思维流程是按照以下 4 个连续阶段进行的：

- 准备：为问题打好基础。
- 投入：一门心思解决问题，处理手边的数据；寻找解决办法的长期斗争开始了。

- 酝酿：利用很可能在意识水平之下建立的、不同寻常的联系，在潜意识里将问题内化（往往在你感到沮丧和准备放弃时）。
- 见解：在通过定量分析解决问题时的重大突破。

通常，回顾之前的发现这一步，与选择变量的一部分过程，同属于创造性分析性思维流程的准备阶段。而投入阶段则与一部分建模阶段、所有的收集数据阶段以及一部分数据分析阶段相关。当数据分析陷入绝境时，酝酿过程应运出现。然后，见解突然出现，将谜题的所有碎片全都结合了起来，答案变得一目了然（如图 4-1 所示）。

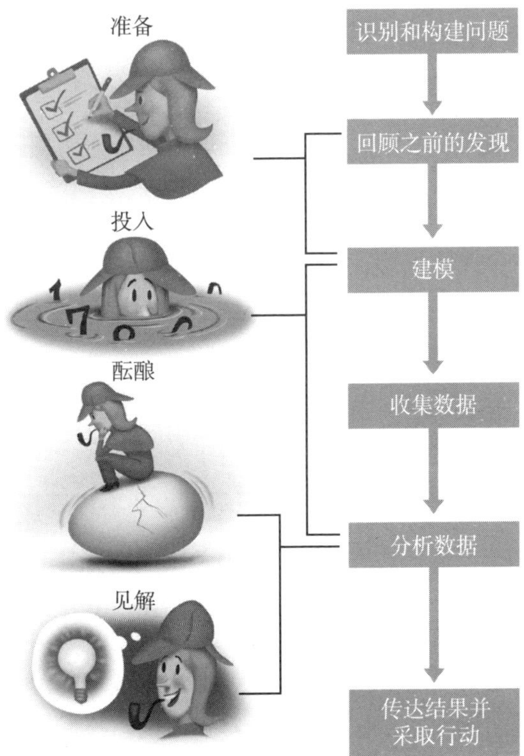

图 4-1　定量分析和创造力

阿基米德与王冠

让我们将创造性分析性思维流程的 4 个阶段运用到阿基米德故事中的 6 个分析性思维步骤之中，这是最早的关于创造性分析性思维的例子。

识别和构建问题。意大利西西里岛锡拉库扎市（Syracuse）的国王赫农（Hieron）立誓要在神庙中放一顶黄金桂冠。于是，他称出一定量的黄金交给工匠打造王冠。在约定的那天，工匠把精雕细琢之后的王冠交到了国王手里——王冠的重量和黄金的重量一模一样。国王非常满意。可是，当国王在准备将王冠放进神庙里时，有人开始传言说王冠并不是纯金的——工匠使了一个心机，用同等重量的白银调换了黄金（那时，工匠也常会像现在一样用便宜的金属稀释黄金）。于是，赫农怀疑自己被骗了，但他不知道如何甄别，于是把问题留给了他的顾问们，可顾问们也无法解开这个谜！最后，赫农让阿基米德来解决这个问题，并要求他在仪式的前一天解开谜题，但前提是不准损坏王冠。当时的阿基米德虽不过 22 岁，但已经因数学和物理学方面的成就而出名了。他接受了这个挑战。

回顾之前的发现。正常情况下，对于形状不规则的物体，并没有特别的方法来测量体积。但是当时，阿基米德却不得不找出方法。这时，他便进入了创造性分析性思维流程的准备阶段。作为最伟大的数学家和发明家之一，阿基米德能测量出大多数规则物体的体积。据他推断，黄金比白银重，如果王冠中混合了白银，那么相比同等重量的纯金的王冠，它就会大一些。问题是，如何在不损坏王冠的前提下，精确地测量出像王冠这样不规则物体的体积呢？

建模（选择变量）。尚在准备模式中，阿基米德便知道王冠的体积是预测王冠纯度的关键变量。然而，要真正测量出体积，需要认真地投入问题和数据中。要测量出王冠的体积，最简单的办法是将它熔化，然后做成立方体，直接称重。可是国王不让他这样做。他被这个问题困扰了良久。可是，尽管如此，问题仍然没有得到解决。

收集数据。阿基米德全身心地投入了问题中，他开始收集数据。他首先算出黄金和白银的密度，然后假设两者混合时白银的含量差不多是 30%。可是，就算这样，还是得算出王冠的体积。他还是不知道该怎么办。

分析数据。举行仪式的那天眼看就要到来了。阿基米德感到非常沮丧，他几乎就要放弃了，他作为天才数学家和物理学家的名声也会因此受损。可事实上，因为他对这一问题专注至深，已经将其内化进了自己的潜意识：他进入了酝酿阶段。有一天，阿基米德去了公共澡堂，他想放松一下。当他踏进浴池时，水开始从池子两边溢出来。他突然意识到，溢出来的水的体积一定等于他没进水中的身体的体积！也就是说，不规则物体的体积可以用密度来测量：将王冠放进一定量的水中，如果王冠不是纯金的，那么溢出的水会比纯金情况下溢出的水多！想到这里，他跳出浴池，全身赤裸地跑过锡拉库扎的街道，边跑边喊：“我发现了，我发现了！”显然，阿基米德最终进入了见解阶段。他进行了实验，先将王冠沉入水中，然后将金块沉入水中，结果，两者放进去溢出的水果然不一样。于是他得出结论，王冠并不是纯金的，金匠确实将其他金属混进了金子中，欺骗了国王。

传达结果并采取行动。阿基米德把这一发现报告给了赫农国王，国王对阿基米德的智慧见解感到非常高兴。通过这件事，阿基米德作为伟大的数学家和物理学家的名声又大大提高了。可是，对有的人来说这可不是什么好事，因为那个不诚实的金匠后来被处决了。

创造力可以被定义为提出最原始的、有用的想法。可是，阿基米德的例子表明，从定量分析的角度看，创造力仅仅是通过识别、选择和检测相关变量，从而抓住了变量之间的新关系。根据这个定义，你可以学习、教授、运用和练习创造力。人们可通过获得分析技能来提高创造力。公司可以通过为员工开设分析方面的教育培训和形成鼓励分析性思维的企业文化来提高创造力。

创造性思维和见解绝非天生

托马斯·爱迪生有一句名言："天才是百分之九十九的汗水加上百分之一的灵感。"创造力是在一个出其不意的瞬间突然产生的。那么，创造力源于何处呢？我们认为，创造力源于早期努力的积淀。**创造性分析性思维和见解并非天生的，也不是任意产生的，它们是那百分之九十九努力的回报，是在定量分析过程中付出的努力：寻找之前的发现、选择和检测相关变量，然后努力找出变量中的潜在模式。**只要你用心投入、努力不懈，那么总有一天，在某个未曾预料的时刻，你将形成"我发现了"这样的见解。阿基米德、牛顿和其他天才都是如此。

一位叫作芭芭拉·麦克林托克（Barbara McClintock）的科学家因发

现了“跳跃基因”而被提名1983年的诺贝尔奖。她是唯一一位在生物学或医学领域独享诺贝尔奖的女性。在长期的研究过程中，她常常遇到“我发现了”这样的时候。确切地说，她的灵感来源于对工作的投入、专注和忘我。

> 麦克林托克对每一株玉米都非常熟悉，所以，她能够准确地分辨出它们的染色体：“我发现自己在它们身上花费的精力越多，它们就长得越好，当我全心全意培育它们时，我仿佛就是它们当中的一员。我甚至能看到染色体内的细节——其实，所有东西都在那里。我感到非常惊讶，因为我觉得自己仿佛身在其中，而它们都是我的朋友……你看着这些东西，它们就变成了你的一部分。你甚至忘记了自己。最重要的是，你忘记了自己。”

当然，创造力与努力并非只在定量分析方面相互关联。它们同样可以被运用于艺术和文学之中，比如，著名的韩国诗人赵正莱（Cho Jung Rae）曾说过，灵感并非突然闪烁出来，而是从长期的努力和专注中涌现出来的。

> 你不断专注于一件事——不断积累不同的想法，然后在某个时刻，灵光乍现，于是，你就明白自己一直以来努力追寻的是什么了。人们常说，灵感是忽然闪现出来的。的确，如果光看灵感闪现出来的那一刻，确实如此。但是，从整个过程看，灵感的迸发必须经历长时间的努力和投入。归根结底，你可以这样说：努力和投入的程度决定着灵感的闪现时刻。

一般来说，人们认为直觉是一种未经反思、一下子冒出来的想法。直觉能引发对事实的直接感知，而且这种感知没有经过必要的判断和解释。但是，我们认为直觉是一种能力，而且可以通过反复的分析、定量化分析等方式获得。神经生物学认为,神经元可以通过不断的分析得到“训练”，如此，我们便认为，即便没有进行数据收集和分析，如果一个人能根据日积月累的经验和各变量之间的潜在模式就想到解决问题的办法，那么便有了“自觉”。德国哲学家格奥尔格·黑格尔（Georg Hegel）认为，只有具备高度分析能力的人才能拥有纯粹的直觉。

模式，创造性分析的本质

创造性分析的实质就是在数据的变量中找出一种模式。这种模式揭示出了变量之间隐藏着的常规关系。在这一阶段，数学思维非常有用，因为数学本身便是一种关于模式的科学：古希腊第一门伟大的科学，欧几里得几何学，来源于大自然中的几何模式；毕达哥拉斯定理是直角三角形三边中存在的模式。

现代公司中发现的模式更多来源于统计分析。一些统计工具很好地揭示出了存在于数据中的模式。比如，分析结果可能表明，有着某种购物模式的顾客很可能不会采用其他购物模式。或者，买了某一本书的顾客很可能会买另外一本书。比如，亚马逊最著名的推荐功能。（我的一位朋友还收到了亚马逊的推荐，上面说，那些买了我的书的人还喜欢购买模拟狗屎作为哄人开心的礼物！）

啤酒和尿布

对于模式的发现，还有更为详细的例子，比如周末开车到杂货店的男人们购买啤酒和尿布的案例。这件事并不是发生在古希腊，而是在 1992 年的芝加哥。这是模式发现的一个最典型的案例，但却不是分析性思维的好范例。

识别和构建问题。汤姆 · 布利斯乔克（Thom Blischok）是数据仓库公司天睿咨询（Teradata）当时的首席零售战略官，他的团队正在对客户奥斯科药店（Osco Drug）进行有关零售点的数据分析。其中一位员工，约翰 · 厄尔（John Earle）说，他们的目标是“寻找一张购物小票上的物品之间的密切关系。然后，我们建议进行测试，改变商品的位置，看看其关系有没有发生变化”。厄尔继续说，该分析的首要目标是演示科技的价值，而不是解决奥斯科药店内部的某个问题或是提出某个决定。

回顾之前的发现。在这个问题上，回顾之前的发现并没有很多方法，除了该团队知道，与婴儿相关的物品的利润都很高。所以，转换思路之后目标就变成了：如何寻找到可促进或提高这些产品销量的物品。

建模（选择变量）。根据药店的 POS 数据，各种物品的购买频率。

收集数据。奥斯科药店从 POS 系统中获取数据，交给天睿咨询的团队进行分析。该数据库中包含了 25 家奥斯科药店中的 120 万个市场篮子的购买数据。

分析数据。如今，数据挖掘的方法有许多种，可是，在 1992 年，这些方法并未被广泛应用。天睿咨询的团队只是简单搭建了一个可供查询的数据库，以找出顾客在正常情况下的购物模式。其中，一位名叫 K · 希思（K. Heath）的女子进行了部分分析，她发现，顾客在从星期四到星期六的下午 5 点到 7 点之间购买啤酒和尿布的概率较高（这些顾客当时并未确定为是男性）。但是，她没有进行任何统计测验，以确定自己发现的这种关系不是偶然。

结果呈现并采取行动。如果这一步没走好，分析就可能会功亏一篑。常常有一种不真实的说法，就是商店里的啤酒和尿布是放在一起的，或者它们相隔很远，这样顾客就能把商店里的全部东西都看完。其实，这些都不对。这些发现不过被认为是打发好奇心而已，不管是天睿咨询的分析师还是奥斯科药店的管理团队，都没有依此行动起来，或是去了解这些行动的潜在价值。

我们不太清楚为什么这种创造性的发现模式没有被执行下去，可是这说明了一个事实，如果要产生某种结果，那么创造性分析性思维流程的每一个方面都得有效。计算机能找出数据中的模式，可是人类才能让这些模式变得有意义。

KEEPING UP WITH THE QUANTS

人人都是分析师

计算机和模式

π 是指圆周率。按照十进制计数法，它约等于 3.141 592。数学、科学和工程学上的许多公式都涉及 π，这让它成为除勾股定理之外最重要的数学概念。

π 是一个无理数，它的值不能用分数表示。所以，如果用十进制来表示，它永远都没有结尾或永远不会重复。但是，从古代的巴比伦人到现代的数学家，从来没有停止从 π 的众多位数中寻找模式。

当然，20 世纪以来，数字计算机的出现创造了新的 π 的计算记录，基本上取代了人工计算。π 的最新的十进制计算达到了 5 万亿位。新的位数更多体现的是计算机的计算功能，而不是人类的数学能力。可是，即便这样，π 也没有出现重复的位数模式。

不管是计算机还是人类，都不曾在 π 中发现重复模式，可是，人类数学家在 π 的运用上发现了许多模式，这是人类的创造力在分析性思维中的新角色。比如数学家戴维·艾奇逊（David Acheson）讲了这样一则故事：

在 17 世纪中叶，如果数学家发现 π 出现在各种与圆毫无关系的场合中，可想而知他们有多么惊讶。其中最重要的结论之一就是，π 与奇数有着非凡的联系：

$$\frac{\pi}{4}=1-\frac{1}{3}+\frac{1}{5}-\frac{1}{7}+\cdots$$

令数学家们兴奋不已的就是这些意想不到的关系。

此外，人们还发现了 π 与偶数的关系。它曾出现在 18 世纪瑞典数学家欧拉（Leonhard Euler）研发的欧拉公式中，这是著名的五大方程式之一，在 1988 年的一次数学家调查中，它还被评为“史上最美丽的数学公式”。

对 π 的研究告诉我们，即便计算机能替代重要的数学运算功能，人类的创造力仍然有地方可供施展。将定量分析运用到商业和公司生活中，计算机接管了大多数统计工作。可是，将这些计算运用到决策中时，仍然需要创造力参与其中。

KEEPING

UP

WITH THE

QUANTS

分析性思维实例

我想我们已经说过分析性思维和创造力不仅可以共存，而且两者还高度相关。如果你没用上所有的创造才能，那么你既当不了一个好的定量分析师，也当不了一个好的定量思维者。可是，要记住，在操作和结束有关数据的结果时，你的创造力是有限的。创造力固然重要，可是事实更加重要。

语言能力和阿尔茨海默病

阿尔茨海默病，是一种大脑功能紊乱症，会导致失忆、思维混乱和行为失调的问题。它的症状通常表现得很缓慢，然后随着时间逐渐加重，进而妨碍到病人的日常生活，直至死亡。阿尔茨海默病占所有痴呆症的60%～80%。约530万美国人和1/8的65岁以上的老人都患有阿尔茨海默病。在美国，阿尔茨海默病是第六大致死因素。除了病人本身的不幸外，患者的家属和看护都要遭受精神以及身体上的折磨，因为病人每天都需要照顾，还需要转化家庭角色，另外，在决定看护设施的布置上，也非常麻烦。

首位数模式—— 一种发现骗子的方法

佐治亚理工学院的数学教授泰德·希尔（Ted Hill）在上课前给学生布置了一项家庭作业：抛 200 次硬币，然后观察结果。下次上课时，他只是大致检查了下数据，便轻易判断出所有捏造结果的学生，这让学生们大感吃惊。他如何做到的呢？通过复杂的计算，他知道，抛 200 次硬币，正面和反面会连续出现 6 次，或者更多。大多数捏造结果的学生不知道这个事实，所以他们在捏造数据时会避免连续出现多次重复，因为他们认为这是不可能的。仅仅看一眼，希尔就看出学生的结果中是否有正面或反面连续出现 6 次的情况。这除了是课堂上的一个小花招外，还有其他含义：如果某种预期模式并不是以数据形式呈现的，那么其中必定有滥竽充数或作假的人。

我们都非常清楚，我们的数字系统是 1～9，我们从中任意选择一个作为前导数字的概率是 1/9。可事实并非如此。根据本福特定律（Benford's law），在现实生活里的许多数据中，前导数字以一种特殊的、不均匀的方式分布：首位数是 1 的概率是 30%，前导数字越大，出现频率就越小。本福特定律表明，首位数的精确比例如下。

首位数	1	2	3	4	5	6	7	8	9
首位数出现的概率(%)	30.1	17.6	12.5	9.7	7.9	6.7	5.8	5.1	4.6

这个令人吃惊的事实是 1881 年由美国天文学家西门·纽康（Simon Newcomb）发现的。他发现，在对数表中，前几页的磨损程度比其他页的磨损程度大。1938 年，物理学家弗兰克·本福物（Frank Benford）有了同样的发现，只不过他研究的数据量更大。他分析了 20 229 种不同的数据集，其

中包括河流的面积、棒球统计、杂志文章的数量和《美国科学家名人录》中刊登的前 342 个人所居住的街道地址。所有这些看似不相关的数据集的首位数出现频率的比例，和对数表磨损页的首位数出现频率的比例一样。这种首位数模式最终根据本福特的名字命名，即“本福特律”。人们普遍认为，本福特定律可以在现实生活的许多情况下使用。

许多统计学家和会计坚定不移地认为，本福特定律虽然简单，但它却是鉴别欺诈犯、盗用公款者、逃税者和粗心的会计的最有力的工具。这个定律背后的逻辑很简单：如果有人创建了一个数据集，那么它的分布规律也可能不符合本福特定律。只需要看看每一个输入数据的首位数，然后将它们出现的频率和本福特定律预测的频率相比较，就能识别出哪些数据是捏造的。总的来说，捏造的数据中首位数是 1 的情况要少得多，而且，数据以 6 开头的情况比真实数据中以 6 开头的情况多。

1972 年，伯克利的经济学家哈尔 · 瓦里安（Hal Varian）发现这个定律可用来甄别支持公共规划决策的社会经济学数据中的不实数据。会计学教授马克 · 尼格里尼（Mark Nigrini）同样支持这个观点，他运用自己根据本福特定律设计的系统来分析布鲁克林地区的诈骗案。如今，许多所得税机构都在使用根据本福特定律设计的侦查软件，而且这些公司不在少数。在美国，在联邦、州和当地的犯罪案例中，根据本福特定律得出的证据是合法且可采纳的。

人们不是非常了解阿尔茨海默病的起因和发展。研究人员曾试图找出阿尔茨海默病的高风险患病人群有哪些特征或记号。比如，受教育程度低的人更可能患上痴呆症或其他疾病，因为他们的生活方式不同，包括教育、营养和酒精消耗等。肯塔基大学桑德斯·布朗老龄化中心的教授大卫·斯诺登（David Snowdon）和他的同事们认为，早期的语言能力比生活方式更能作为标记。据推测，如果早期的语言能力高，便可作为认知减退的缓冲器，它能促进记忆编码、信息组织和检索的过程。他们进行了一项重要的研究，将青年时的认知能力，与晚年患阿尔茨海默病的概率联系在一起。人口抽样——在一排修女中选择，和将修女的自传作为数据资料都是分析性思维的创新方法。下面，就让我们用 6 步法检查卜他们的工作。

识别和构建问题。首先决定早期的语言能力是否与晚年的认知功能和患阿尔茨海默病的风险有关。

回顾之前的发现。斯诺登的团队应用的许多程序都是基于大卫·威克斯坦博士（Dr. David Wekstein）和威廉·马凯斯伯里博士（Dr. William Markesbery）之前的工作。1989 年，他们开始研究与年龄有关的认知变化，并对一群自愿在死后捐出大脑的老人进行了研究。该研究重在了解大脑的变化如何与阿尔茨海默病和其他神经失调症联系在一起。

建模（变量选择）。参与斯诺登研究的是威斯康星州密尔沃基市圣母院的修女们。1991—1993 年，1917 年前出生的修女们参与了“修女研究”，这是一个有关老龄化和阿尔茨海默病的纵向研究。在 1 027 位符合条件的修女中，有 678 位同意参与研究，并签下了书面同意书。研究的参与度非常高，所有参与者同意死后捐献出大脑，还同意每年进行认知和身体机能的评估。斯诺登和他的团队另外调查了一群 93 岁的参与者，他们都有自传，并存在修道院的档案里。研究团队选择出的变量如下：

- 早期的语言能力（思维缜密性和语法的复杂性）；
- 认知功能（7 种不同规模）和晚年的阿尔茨海默病。

收集（测量）数据。这些修女的传记用以描述她们早期的语言水平。在修道院进行了 4 年的训练后，每位修女在宣誓前几周都要写一个自传。从修道院的档案信息来看，他们让每一位修女“简短地描述一下自己的人生。字数限制在一页纸上、两三百字内……包括出生地、父母身份，童年时发生的有趣的、有教育意义的事，读过的学校，对修道院的影响，宗教生活和一些特别的事”。

我们可以从自传中的两点来判断修女们的语言能力：思维的缜密性和语法的复杂性。思维缜密性，就是平均每 10 个单词表达的观点数。符合基本的句式，比如，动词、形容词、副词或介词短语的观点。表明因果关系、时间或其他关系的复杂句式也算在内。语法的复杂性是靠“发展水平”来衡量的，它根据从 0（简单的一字句）到 7（嵌入了多种句式的复杂句式）的 8 种复杂程度将句子分类。

认知功能的评估是靠 7 种神经心理学测试。这些测试要评估记忆、注意力、表达能力、视觉空间能力和时间感与方向感。参与这项研究的 83 名修女平均在 22 岁时写下了自传，后来，在进行认知功能评估时，平均是在她们写下自传的 58 年后，也就是她们的年龄到了 75 ~ 87 岁时。

分析数据。那些在写自传时思维不缜密、语法复杂度不高的人，到了晚年，认知功能测试的得分也不会高。而且早期思维不缜密的人，比语法复杂程度不高的人的认知功能更弱。在已过世的 14 名修女中，精神病理上被确定为阿尔茨海默病的人就在早期思维不缜密的人中间，而且，她们中没有一个是思维缜密的人！

传达结果和行动。斯诺登和他的同事推断，书面语言行为“是晚年认知问题、阿尔茨海默病和脑损伤问题的有力标志物”。这说明，早期语言能力差可以被当作早期大脑变化的微妙症状，这些变化最终会导致阿尔茨海默病。这些研究让我们更好地预测了人们患与年龄相关的疾病的概率。他们还在著名的《美国医学协会杂志》（*Journal of the American Medical Association*）上发表了自己的研究成果，题为“早期的语言能力和认知功能与阿尔茨海默病的关系”。此外，斯诺登还写了一本有关修女的书，名叫《优雅地老去：“修女研究”教给我们的健康长寿和让人生更有意义的秘诀》（*Aging with Grace: What the Nun Study Teaches Us About Leading Longer, Healthier, and More Mean*）。《图书馆杂志》（*Library Journal*）对这本书进行了评价。

斯诺登带着对这些修女的同情与喜爱写下了这本书，她们慷慨地捐赠了自己的大脑，供我们进行研究。斯诺登在这个研究中解释道，病变并不总是会发生显著的变化，语言能力似乎能让人免患阿尔茨海默病，预防中风和心脏病，有助于避免患上痴呆症。还有，遗传、饮食和锻炼也占一部分原因。结合个人经历与科学事实，这种对待老龄化的态度十分值得推荐。

斯诺登的研究也曾在2009年的《时代》杂志上刊登。该成果表明，创造性分析性思维的作用十分大。

西蒙·汉内斯内幕交易案

西蒙·汉内斯（Simon Hannes）曾是麦格理银行（Macquarie Bank）的

投资银行家。他以“马克·布施”(Mark Booth) 为名，用 9 万美元购买了一家名叫 TNT 的运输公司的股票。麦格理银行是 TNT 的顾问，就在汉内斯离开麦格理银行前，他间接得到了 TNT 可能被收购的信息。就在汉内斯购买了股权后几天，TNT 被收购了，他从这笔交易中赚得了 200 多万美元。汉内斯聪明地伪装了自己的行为，澳大利亚证券投资委员会 (ASIC) 的调查人员经过大量的创造性的思维分析才得以让事实水落石出。

识别和构建问题。在宣布 TNT 被收购前，他们三天内就甄别出在期权市场中购买 TNT 股票的不合法活动。虽然市场监管当局列出了许多在这三天内进行过交易的公司和个人，可是却无法鉴别和定位第一位交易者。于是，他们将这个问题送交给澳大利亚证券投资委员会，它是市场的调控者。虽然动用了大量的调查渠道，并使用传统手动收集证据的手段进行了为期三个月的调查，澳大利亚证券投资委员会还是无法鉴别出进行早期交易的人。这些进行早期交易的人之所以无法被甄别出来，最可能的原因是他们中有些人使用了假身份！

回顾之前的发现。关于这个案子，并没有之前的发现，因为它是一个孤立的事件。然而，澳大利亚证券投资委员会之前的调查和经验表明，欺骗性交易多数发生在人际网络中。澳大利亚证券投资委员会之前开发了一个应用，以提取某个人或某家公司的网络，或从内部和公共数据库中寻找出发点。

建模 (选择变量)。该模式中的两大主要变量：第一，是否有人知道 TNT 可能被收购的消息；第二，是否有人拥有足够的资金来影响某次交易，并在相关交易进行时去银行取款。

收集（测量）数据。传统的调查方法能辨识人们的身份，或者可能调查出谁掌握了内部消息（“知道范围内的人们”）。同样地，澳大利亚证券投资委员会还能找出在相关地理位置有哪些个人和公司在金融机构进行了提现。从这点看，他们能利用网络提取流程提现和系统地收集 5 倍从“知道范围内的人们”和“取现的人”身上获取（人们、公司、物理地址和资产）的相关信息。这个流程的结果是，形成了一个通过 100 万种关系连接起来的，包含了 16 万人、公司、地址、资产和现金提取的数据集。

分析数据。该数据集有多个副本。结果，在进行下一步分析之前，调查者决定像合并公司那样，将数据集合并在一起。澳大利亚证券投资委员会运用了 100 多个专利算法来完成这项任务。澳大利亚证券投资委员会中负责这个案子的首席调查员安东尼·韦尔（Anthony Viel）评论剩余的流程时说：“只要将所有可能的副本混合起来，我们利用最快捷的算法计算出‘知道范围内的人’和‘提现者’之间的关联。我们将他们关联的类型分为‘软’‘硬’关联，以便对结果进行精炼。第一遍，我们找出了 65 位可能有软硬关联的人。第二遍，我们找出 3 位可能的、只有硬关联的人。其中一位肯定是错误的，而另一位肯定是我们要找的人。”

传达结果并采取行动。我们通过网络分析找到的那个进行转交的人，就是西门·汉内斯。但他要求搜查的人拿出搜查令。相关人员从他家里找到了一些赃物，他也被控以几项相关的罪名。他试着开脱，陪审团还是给他定了罪，并允许他上诉。他坐了两年牢，被处以 10 万美元罚金，在内幕交易中获得的收益也被全部没收。韦尔继续使用类似的方法分析涉及财政和其他类型的犯罪问题。

KEEPING
UP
WITH THE
QUANTS

05

成为数据分析明星

培养数据分析能力

人们如何决定自己的命运和生活方式？很久以前，如亚里士多德所说，是我们的习惯，或者是我们反复做的事，塑造了我们，成就了我们的命运。其流程如下：

思想→行动→习惯→个性→命运

你一贯的思维模式，会形成行动；你的行动，又会促使习惯的养成；那些你反复做的事，决定着你的个性。最终，别人对你的看法也会与你的命运相关。成为一位专家级的定量分析师所遵循的流程也是相似的（如图 5-1 所示）。

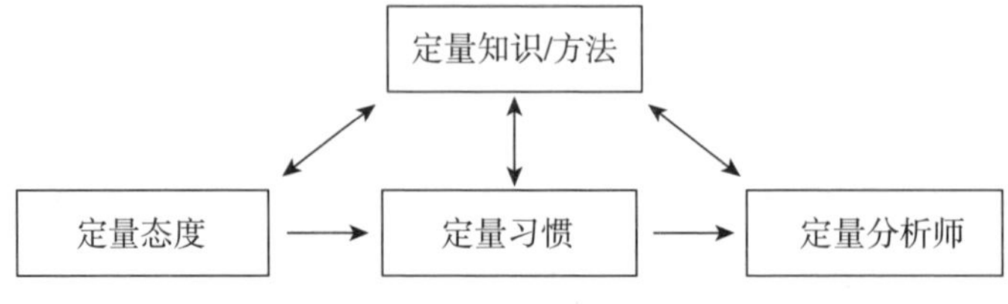

图 5-1 成为专家级定量分析师的流程

你一贯的定量态度，形成了你的定量习惯。你反复做的、有关数字的事促使你成为一位专家级的定量分析师。与定量知识和方法的互动，使你的分析水平逐渐提高。现在，就让我们讨论一下，要成为一位专家级的定量分析师，你需要具备什么样的定量态度和习惯，以及在每一个阶段，你需要什么样的定量知识和方法。

当遇到数字时，先开动脑筋

如果你要做出分析性的决策，那么有关定量分析的知识是非常有用的，就像对数字持有开放的学习态度或坚持高标准的证据一样重要。当你遇到数字或方程式时，如果开动脑筋，就会发现自己也能掌握大量的定量分析法。

别害怕数学 |

正如我们之前所说的，“数学盲”就像瘟疫一样感染着很多人。许多“普通人”甚至对数学产生了一种病态的厌恶。这不仅令人遗憾，而且毫无意义的。然而，**数学并不是定量性思维的关键，让优秀的定量性思维者脱颖而出的，不是纯粹的数学技巧，而是他们掌握的能将定量信息分类的方法。**定量性思维者掌握了一定的有效的态度、技能和习惯，以在需要用数字进行决策时使用。甚至有专家断言说，初中所学的数学知识就足以让你成为一位优秀的定量性思维者：“数学知识和定量性思维是非常不同的……之所以要强调数学知识与定量性思维的区别，一是因为成为一名优秀的定量性思维者所需的数学知识并不多，只需初中水平即可。”

如果你不信，我们就以艾米丽·罗莎（Emily Rosa）为例。9岁的罗莎甚至没念到初中，就进行了一次有关治疗性接触的、疯狂的科学家定量分析。而且，她的作品还发表在了《美国医学协会杂志》上。

一个被评定为四级的科学项目如何能上《美国医学协会杂志》？艾米丽看到她的母亲琳达在看一个关于种植业的录像带，叫作“治疗性接触”（Therapeutic Touch, TT）。这是一种有争议的方法，因为它通过操纵病人的“能量场”来治疗疾病。支持这种方法的人认为，全世界有10万多人接受过TT培训，此外，75个国家的100多所大学都在教授TT疗法。据说，这是护理人员最为认可的治疗方法。在实施TT期间，治疗师将手放在距离病人身体30厘米远的地方，以观察和祛除“滞能量”，据说，“滞能量”是各种疾病的源头。艾米丽对母亲说，她可以做一个实验来检测这一方法。琳达是护士，她就这个方法给了艾米丽一些建议。经过一番调查后，琳达和艾米丽发现，之前还没有人对TT疗法是否能发现人类的能量场进行过检测。

艾米丽只关注一个基本问题：如果治疗师们真的能祛除“滞能量”，那么他们至少一定能感觉到能量场。因此，如果治疗师正确感知到了能量场的概率并没有明显大于巧合的概率，那么TT疗法就是无稽之谈。

通过广告和其他线索，艾米丽找到了在科罗拉多东北部的25位掌握了TT疗法的治疗师，其中有21位同意参加检测。同时，她还告诉治疗师们，该研究将作为她的四级科学展览项目发表。在每一次检测中，治疗师们都将手放在一块约有25~30厘米间隙的平面上，掌心向上。为了不让实验者的手被看见，艾米丽会用一个长长的、不透明的，且底部有图案的屏风盖住他们的手臂，然后屏风上连着一条毛巾。

艾米丽用抛硬币的方法决定以哪一个人的手为目标（这就是定量检测中的随机分配）。然后，她掌心向下，与目标相距 8 ~ 10 厘米，上下摆动右手，说道“好了”。然后，就让治疗师说出哪一个人的手距离实验者的手较近。21 位治疗师共进行了 180 多次尝试。

尽管所有参与者们都说自己能做到，可是，在参与实验的 280 个人中，只有 122 个（44%）能正确判断艾米丽的手的位置，这一结果并没有比预期的猜测好。按照预估，仅巧合的概率就应达到 50%。于是，艾米丽得出结论，治疗师们没能证实 TT 疗法最基本的原则，这就明显地证明了，关于 TT 疗法的说法是没有依据的，投入专业使用也是不恰当的。1998 年 4 月，当时的艾米丽才 11 岁（还在上初中），就在《美国医学协会杂志》上发表了她的研究成果。该杂志的编辑乔治·伦德伯格（George Lundberg）说，数据统计学家们对这样简明而清晰的结果感到非常惊讶。艾米丽也因此成为《吉尼斯世界纪录大全》中记载的、在主要科学杂志上发表过研究成果的最年轻的人。

艾米丽既不是天才，也不是神童，她只是运用了判断力和清晰的定量性思维。成为一位熟练的定量分析师所需的最重要的能力，是从数据中提取信息：**这种能力不是基于数学知识，而是基于定量性思维。第一步，就是战胜对数学的恐惧，并带着怡然的态度面对它。**要相信自己已经掌握了必要的数学知识，或是已能轻易地学会所需要的知识。成为一位熟练的定量分析师所需的基本 DNA，就是友好地对待数学，不去害怕它。

即便数学基础不好，也能弥补，你并没有被定性为一生都不具有定量分析的视角。你的数学水平跟不上，并不意味着你不能学习将来所需要的东西。比如，帕蒂尔（DJ Patil）创造了“数据科学家”一词，来形容自己在领英扮演的函数分析的角色，他上学时的数学成绩并不好，他这样说：“我的数学成绩是从初三开始不及格的。整个高中，我的数学成绩越来越差，差点就没能毕业，然后，我申请下一级水平，结果也没能达到。我没能考上大学，于是上了当地的两年制专科学校……其间，我选了微积分这门课，所以转学到了加州大学。去了那儿我才发现，我对这个东西完全没有概念。在数学课上，我表现得非常笨拙。这太可笑了，我决定要读大学！”

帕蒂尔从图书馆借了一些书回来，用了一个周末的时间自学了高中数学。他的微积分学得很好，被加州大学圣迭戈分校录取了，他在那里学习了三年的数学课程。然后，他开始攻读哲学博士学位。

帕蒂尔刚开始也遇到了一些困难：“我要作为一名美国学生，与俄罗斯、以色列和韩国的学生比赛。没有悬念地，我在预赛中失败了。我以为自己是倒数第二位，但其实倒数第一位根本是缺席的。”

可是，下一次资格考试时，帕蒂尔得了最高分。毕业后，他成为帕里兰的一名教职工，负责构建复杂的天气模式。后来，他又为美国政府工作，做一些有关情报的工作。当时的研究经费有限，所以他辗转来到 Skype 工作，当时的 Skype 还属于 eBay。接着，他又成为领英的首席数据科学家。身处如此高级的分析性职位，他对产品研发有着巨大的影响。

如今，帕蒂尔是风险投资公司格雷洛克合伙企业（Greylock Partners）的常驻数据科学家，他帮助该公司旗下的公司思考数据和分析方面的问题。帕蒂尔也许是世界上最典型的潜在的数学天才的例子。

运用搜索引擎寻找有关你不知道的观点 |

在这样一个全球化的时代，许多经济术语、商业术语和数字每天都会出现在新闻报道和人们的谈话中。由于很多人并不熟悉这些术语或数字，所以只是只知其一、不知其二。但是，那些有志于成为定量分析师的人们就应该记住或者记录下这些术语和数字，然后通过搜索引擎搜索，清楚地了解它们的含义。维基百科上的词条、在线课程和丰富的电子教科书都能帮助你。将你的搜索结果打印出来，新建一个分类文档，以便将来查阅。这是一个很好的学习机会，同时它还能帮助你战胜对数字的恐惧。或许，对于看到的东西，你不是完全明白，但是，你可以去学习。如果你连续 6 个月保持这个习惯，那么到最后你会很惊讶地发现，你的朋友和同事会一致认为你是个博学的人，尤其对数字十分精通。

扩展你的好奇心 |

当你对数字感到好奇时，你对它们的了解就加深了，你的知识量也得到了大幅的提升。比如，当你发现世界上跑得最快的人是牙买加的尤赛恩 · 博尔特（Usain Bolt）时，你或许会对他的最好成绩感到好奇。后来，你发现他百米赛跑的最佳成绩是 9.58 秒。然后你就问自己，如此算下来，他每小时能跑多少公里？通过简单的计算，你会发现：

$$9.58\text{ 秒} \approx 10\text{ 秒} = \frac{1}{6}\text{ 分钟} = \frac{1}{360}\text{ 小时}$$

$$100\text{ 米} = 0.1\text{ 公里}$$

$$\text{因此，}\frac{0.1\text{ 公里}}{\frac{1}{360}\text{小时}} = 36\text{ 公里 / 小时}$$

然后，你就会对马拉松的记录感到好奇，这个记录是 2 小时 3 分 59 秒[①]。通过简单的计算，你就会知道这个记录表示平均速度为 20.4 公里 / 小时。对比这两组平均数，你就知道奥林匹克运动会上人们短跑和长跑的速度了。

对数字的各个方面保持好奇心，是一位优秀的定量分析师应该具备的素质。

从定量态度到定量知识

在这个阶段，要形成定量知识，你需要阅读一些适用于普通读者的关于统计学的书籍。其中，最著名的书籍之一要数达雷尔·霍夫的《如何用数据说谎》，该书是 20 世纪下半叶最畅销的统计学书籍。它以简洁明快的语言，图文并茂地总结了常见的错误（包括有意的和无意的），并对统计学进行了阐述，还说明了这些错误如何会导致不正确的结果。该书既讲述了其他人如何用数据说谎，又提到了如何阐述统计数据的有效性。1974 年出版的，斯蒂芬·坎贝尔（Stephen K. Campbell）所著的《统计思维中的缺陷与谬误》（*Flaws and Fallacies in Statistical Thinking*）一书对那些从报纸和杂志中了解统计学的人来说也非常有用。同类主题的书

① 作者写作此书时的马拉松记录为 2 小时 3 分 59 秒，此处只为表示作者的观点。——编者注

籍还有咨询统计学家菲利浦·古德（Phillip Good）和詹姆斯·哈丁（James Hardin）所著的《统计学中常见的错误以及如何避免它们》（*Common Errors in Statistics and How to Avoid Them*）。这类图书还有很多，你可以从网上购买一些受欢迎的书籍，阅读一下。

思考概率 |

运用定量性思维的重要方面就是了解概率与随机性的规则。对于大多数成年人来讲，缺乏对概率的了解是最大的智力缺陷。如著名商业思想家纳西姆·尼古拉斯·塔勒布（Nassim Nicholas Taleb）在《黑天鹅》一书中所言，他们“被随机性愚弄了”——他们将宇宙的意义归为任意发生的事件。比如，关于“一个派对上有多少人一起过生日”的误解。在一个只有 23 个人参加的生日派对上，有两个人发现他们的生日是同一天。他们或许会惊讶地说:“多巧啊！”但事实上，这样的概率非常大——远超 50%。[①]

不仅如此，了解概率对一系列其他人类活动都极为有用。如果你不懂概率，那么你也不会知道股市其实是一场“随机游戏”（股价的变化既无可辨的模式，也无可识的趋势）——一些股民可能连续几年比别人做得好，但仍然免不了失策。如果不懂概率，你也不会了解“趋中心回归”现象，比如，如果你的收入超过平均水平，那么你孩子的收入很可能比你的少。如果你不了解赌城拉斯维加斯的胜负概率，那么你将会损失很多钱。如果你不懂概率，你也很难在保险行业找到工作，还很难决定是

① 详见 http://keepingupwiththequants.weebly.com。

否或什么时候购买养老金。当然，概率是推论统计学的基础。总之，你需要了解概率，这不仅是为了成为定量性思维者，而且是为了赢得成功的人生。

当然，学习概率的资源有很多。许多教科书将概率与基本统计学组合在一起，因为学习统计学需要具备概率思维。如果你想重点了解概率，而不是泛泛地学习统计学，那么可以去读读这本介绍概率的书，理查德·艾萨克（Richard Isaac）的《概率的乐趣》（*The Pleasures of Probability*）。如果你不想读教科书，可以看看列纳德·蒙洛迪诺（Leonard Mlodinow）写的《醉汉的脚步：随机性如何主宰我们的生活》（*The Drunkard's Walk: How Randomness Rules Our Lives*）一书，非常有趣。

回到学校 |

如果你不想，大可不必自学分析学、概率学和定量性思维，因为现在这个时代各种线上线下的教育资源十分便捷。大学的课程资料在网上可免费使用，其中就有许多统计学资料。比如，如果你想学习世界上最好的定量分析课程，那么可以去麻省理工学院的网上寻找概率和统计学的课程。说到那些可以购买的在线教育资源，你可以购买哈佛商学院出版社出版的简·哈蒙德（Jan Hammond）教授编写的关于定量分析方法的自学课程。或者，如果你愿意花更多的钱，还可以通过学习美国西北大学的在线课程，获取预测分析学的硕士学位。

如果你想与教授和同学们面对面交流，美国还有许多分析学课程供你选择——大多都是硕士学位课程。尤其是在北卡罗来纳州立大学，你可以学到关于分析学最优的课程，它甚至建立了分析硕士（MSA）项目。为什么是北卡罗来纳州立大学呢？因为分析软件公司 SAS 的创始人兼 CEO 吉姆·古耐德（Jim Goodnight）是那里的学生，他也曾在那里任教，学校正是在他的慷慨捐赠下才创立了这门课程。

MSA 是一个专业性课程项目，它全面注重高级分析学的工具、方法、应用和实践。我们认为，它的设计理念非常符合公司和机构中那些注重定量分析的人们的需求。

- **快速完成**：10 个月的紧张学习，分为三个学期（夏季、秋季和春季）的课程；当年 7 月报名，第二年 5 月毕业；无兼职学习。
- **要学习的课程**：全职（M-F/9-5）学习；和其他学生一起学习综合性课程；分组学习；特色课程——课堂之外的项目研究。
- **注重广泛而实用的课程内容**：有关各学科的综合性课程，旨在获取如统计学、应用数学、计算机科学、运筹学、经济学和营销学等实践技能。
- **从做中学**：通过实习而不是传统的论文形式（学生 5 人一组，利用实际的问题和赞助商提供的数据，在 7 个月内完成大量高度结构化的工作，然后向赞助商上交最终报告）。

北卡罗来纳州立大学的 MSA 项目开设了一门特别的课程，并专门针对课程开班。其中包括数据挖掘、文本数据挖掘、预测、优化、数据库、数据可视化、数据隐私和安全、金融分析学和客户分析学。

学习该课程的学生有着多样化的背景，尽管我们希望他们最好有一些定量分析学基础。学生的平均年龄是 27 岁，而且录取的学生中大约有

26% 的人在之前就取得了研究生学位。有一半的学生以前做过全职工作。尽管经济不稳定，加之美国国内就业发展缓慢，但是在 2011 年，参加 MSA 项目的学生获得了 469 次面试机会（40 位学生，平均每人有 12 次机会。此外，在 2012 ~ 2013 年间，学生人数增加到了 80 位）。连续 5 年，该课程的就业率达到 100%。鉴于企业对 MSA 项目毕业生的需求日益增加，其他大学也会开设这类学位课程。SAS 还在美国路易斯安那州和得克萨斯州赞助了新课程。此外，旧金山大学在西海岸开设了课程，纽约大学也在纽约开设了课程。之前的一项调查报告表明，59% 的大学要么提供了关于商业分析或商业智能的学位，要么开设了相关的专业——其硕士课程占 37%，本科课程占 22%。另外，学校也开始开设关于数据科学的课程，紧跟着就是学位课程了。

以新的思维方式行事比思考新的行动方式更容易

态度固然重要，习惯也不容忽视。人们常说，以新的思维方式行事比思考新的行动方式更容易。如果你践行了以下定量习惯，那么最终便会发现自己已经在不知不觉间具备了定量态度。

需要数字 |

当有人陈述自己的观点、直觉、理论和随机性观察时，优秀的定量性思维者（和那些想要培养他们的公司）往往需要用数字说话。请练习以下问题："你有数据来支持你的假设吗？"如果你足够勇敢，还可以这样反问："再多的逸闻趣事也不足以作为数据支持。"数据非常重要，因为一旦有了数据，你就可以知道：这个人是如何思考问题的？为了做成这件事，他通过了什么样的流程？得到了什么工具的辅助？所以，抑制住冲动，在没有数据的情况下，不要轻易下结论。

你向别人表明观点时也是如此。如果没有数据，不妨进行一些疯狂的科学实验来收集数据。在你完全形成自己的理论前，要竭力寻找“硬”数据。这样一来，你就能用详细的分析证据巩固自己的观点，提高说服别人的概率。若想成为一位熟练的定量分析师，用数据和以数据来佐证观点的习惯是不可或缺的基因。

千万别相信数据 |

我们刚才说过，你需要尽量收集数据以及其他数据来支撑你的理论和世界观。但现在，我们要让你怀疑数据！就像刚认识的人一样，在你不了解他之前，千万别相信他。对于出现在你面前的数据，不要根据表象来判断。你不能信任数据的原因有几个：**人们有时会用数据说谎，或者曲解数据，以达到其他企图。**如苏格兰诗人兼批评家安德鲁·朗格（Andrew Lang）所说：“统计资料之于不成熟的预测者，犹如路灯之于醉汉——其用途不过是用来支撑而不是照明。”数据也会过时，然后丧失正确性。数据也可能不是好的例子（比如，它可能无法表示某人正欲描述的人口数量）。对数据采取批判性态度是正确的，尤其是遇到那些令你吃惊的数据和不符合逻辑的数据时。针对呈现在你面前的数据，对它们保持怀疑，了解更多关于它们的背景才是最大的确信。说具体一些就是，你要在以下三方面对数据保持怀疑：

- **关联性**。呈现在你面前的数据要与其所要解决的问题相关，并能代表它们应该代表的群体。如果数据不能对问题做出回答，那么它们就是没有意义的。
- **准确性**。如果数据与问题相关，却不准确，那么你就要学会放弃。通过询问是谁提出的数据，这个数据是如何产生的，就能评价数据的准确性。没经过信任测试的数据是没有价值的。
- **正确的解释**。即便数据是准确的，但如果解释数据的方法不对，那么它们也会令人误解。尤其是那些对将来有规划的人，他们往往会故意曲解数据。让我们来看这样一个例子，同样的数据以某种方式解释最能支持偏见：

> 《新闻周刊》的评论家对一本名为《贤内助》(*The Better Half*)的书做出了评论。这是一本关于妇女参政权论者的书籍。在文章最后，评论家写了一番发人深省的话。他说，他想知道，美国女权运动先驱苏珊·安东尼（Susan B. Anthony）和其他妇女参政权论者如何看待这样的现象：在美国妇女解放 50 年后，哥伦比亚大学的社会学家发现，在 22 个妻子中，只有 1 个投了与丈夫不同的票。
>
> 一位读者写道："女权运动的道路是漫长的。如果你这样想，美国妇女解放后不到 50 年，在 22 位丈夫中，只有 1 位敢和他的妻子投不同的票，那么我觉得她们会备感欣慰。"

总之，你应该不断询问呈现在你面前的数据是否对你迫切地想要了解的问题给出了正确的解释。

对因果关系保持特别的怀疑 |

在分析性推理中，最难的就是因果关系的建立，而这也恰恰是最该怀疑的。如我们之前描述疯狂的科学实验时提到的，如果你在进行测试时，随意地将人们两两分组，若得出的结论不同，你通常会认为是测试的条件不一样；可是，如果你去探寻两种因素的统计性关系，却发现它们不可能是因果关系。你可能听过这样一句话：“**相关性不等于因果关系。**”请记住这句话。

认知心理学家克里斯托弗·查布利斯（Christopher Chabris）和丹尼尔·西蒙斯（Daniel Simons）在他们所著的《看不见的大猩猩》（*The Invisible Gorilla*）[①]一书中就如何检查因果关系给我们提供了有用的方法：“当你听到或读到两种因素的关联之处时，想想它们之中是否被随意地设定了条件。如果随意地将人们分配在这些组不可能、代价太大，或者不太符合伦理，那么该研究就不是实验，其因果关系也就是不成立的。”

比如，如果你在报纸上看到“10年的研究表明，酗酒可以引发癌症”这样的论断，那么就问问自己，被试者是否被随意地分配到了各个小组，然后让他们要么酗酒10年，要么10年不喝酒。这看上去是不可能的。相比之下，更为真实的情况是，一名研究者经过对一群人10年的监控，发现酗酒和癌症之间有着一定的关联。研究者还可以提醒大家，其他变量也可以解释这种关联（比如，酗酒的人也可能是个烟鬼）。可报纸上并没有这么写。

① 《看不见的大猩猩》描述了无处不在的6大错觉。该书是商业思想家必读的10本新锐经典之一，成功登上热门美剧《CSI犯罪现场调查》《生活大爆炸》。该书中文简体字版已由湛庐文化策划、北京联合出版公司出版。——编者注

如果你怀疑你公司的某一个人在使用cum hoc ergo propter hoc模式（A与B相关联，所以，是A导致了B），那么，补救方法可以是详细的实验设计知识或统计学与计量学知识。这时，最好请一位专家。

提出问题 |

提出问题是为了更清楚地了解问题和过程。同样地，当你对数据有疑问时，你应该毫不犹豫地提出问题。许多人不情愿询问关于数据方面的问题，因为他们害怕自己会显得愚蠢，但其实这种害怕过虑了。

想象某个人问了一个关于数据的问题——那么这个人可能会是勇敢、可敬的，而不是愚蠢的。所以，如果遇到不明白的数据，就大胆地提问吧！此外，对于有些数据，提问者甚至希望问一些后续的问题。比如，当你提出一个平均数时，你应该问分布离差或标准偏差。你还要问，数据中是否有错误导致的异常值，或其他漏掉的重要数据。如果有人提出平均值，那么你要问中值是什么。解释一个平均值却不知道离差是容易令人误解的，因为个别观察在实质上是各不相同的。同样地，当某人谈起某个调查中的数据时，你要问这个调查是谁进行的，数据是如何产生的，总之就是问这一类的问题。**没有问题的答案会导致错误的结论。**总之，你该养成提问的习惯，因为这是形成定量分析技能的一部分。

KEEPING UP WITH THE QUANTS

人人都是分析师

定量分析中的好问题

以下列举的问题当然不是你可以问的所有问题，只是你可以从这些问题开始。它们几乎适用于任何定量分析，或是该被定量的非定量分析：

1. 你有数据来支撑你的假设吗？
2. 你能告诉我你在分析中使用的数据源吗？
3. 你确定这个样本数据能代表被试的人数吗？
4. 你的数据分布中有没有异常值？它们会对结果产生什么样的影响？
5. 你的分析背后有什么假设？
6. 在什么条件下，你的假设和模式是无效的？
7. 你能告诉我你为什么要采用这样的分析法吗？
8. 你如何转变数据，使其适用于你的模式？
9. 你想过用其他方法来分析数据吗？如果有，为什么不用呢？
10. 你有没有想过，是独立变量导致了因变量的变化？你还可以进行哪些分析来了解因果关系？

练习定量分析|

就像那个在纽约问别人卡耐基音乐厅怎么走的人一样，如果你想形成定量分析的艺术、技巧和纪律，就该“练习、练习、再练习”。一开始，你要争取在一个问题上取得进步。但是，努力只是学习的一个自然阶段，只有通过努力，你才能提高分析能力——虽然缓慢，但稳定。你可以遵循我们之前提出的解决问题的 6 个步骤，来提高分析能力：

- **识别问题**。你工作中可能出现许多问题。根据紧迫性和定量分析适用性将这些问题放在优先解决的位置。在识别问题阶段，最重要的就是全面理解问题及其重要性。对这两个问题的回答不仅包括解决问题需要做些什么，还包括如何促进下一个阶段。
- **回顾之前的发现**。一旦意识到问题，你就要去调查之前的发现中所有与这个问题相关的东西。尽管在这个阶段你需花费大量的时间，可是利用搜索引擎会对你大有帮助。搜索与问题相关的资料，对弄清问题的真相非常重要，对识别相关变量和从已识别的变量中寻找关联也非常重要。对之前的发现有了综合的理解，就能清楚地知道该如何解决问题。你可以这样说："问题设计得很好，已回顾的之前的发现：一半以上。"
- **建模（选择变量）**。如果你通过回顾之前的发现找出了所有相关的变量，那么就一个接一个地扔掉那些与问题不直接相关的变量吧。哪些变量应该丢掉，哪些需要保留，主要取决于模式的目的。如果你要造一辆玩具火车，那么火车的规模就该保留。相反，如果你要计算火车的经济适用性，那么，像吨位、速度、耗油量这些就变得非常相关。集中在某个问题的某些特征上时，你离问题的答案就不远了。而且，你的定量观点也得到了提升。
- **收集（测量）数据**。要测量已选的变量，你首先要检查你所在的公司是否有人收集了这个数据。很多时候，你手边的数据已经被别的部门，甚至是你自己测量或计算过。你甚至发现，有的数据已被公开使用过。即便你需要花钱买它，也总比你自己收集便宜。当那些与你问题相关的数据不正确时，你要认真想办法改正它。如果你决定展开调查，那么就得认真研究问题的具体设计，甚至问卷的措辞。如果你要通过实验收集数据，你就得去请教实验设计方面的专家。因为，获得正确而即时的数据对解决问题非常重要，在这个阶段，你需要投入足够的时间和精力。

- **分析数据**。数据分析包括寻找连续的模式，或者变量之间的关系。使用什么样的统计方法，在识别问题阶段就已经决定了：当你彻底了解了问题后，很显然就得选择方法。如果问题是在各个小组之间进行对比，那么你就该相应地选择方法。如果问题是变量之间的依赖关系，那么就该用回归或类似的方法。这些方法在很多情况下都适用，所以，你要花时间去习惯这些方法的观点和应用。此外，你还可以向你公司里的专家寻求意见。
- **传达结果并采取行动**。别忘了练习这部分非常重要的定量性思维。成功的分析小组在这一阶段所花的时间和前 5 个阶段所花的时间一样多。和公司的其他人交流，问他们是如何传达分析结果的，然后和他们探讨你对此的观点。学习统计学的可视化语言——比如，把爱德华 · 塔夫特（Edward Tufte）的书籍当成你的朋友。如果塔夫特来到你所在的城市，讲授“呈现数据与信息”的课程，千万别错过它。

定量习惯——定量知识 / 方法 |

在这个阶段，你应该学习了解和应用定量分析的基本知识。你首先要学习的课程是初级统计学和研究方法。如果你能在线学习这两门课程的话就再好不过了。无论何时，当你想了解某些概念时，还可以去互联网和教科书上查询。很多人对初级统计学中的概念难以理解，因为很多教科书中都没有详细描述那些概念是如何运用到现实世界中的。因此，你需要认真选择一些介绍实际的统计学应用而不是纯理论的教科书。最后，我们推荐你将海因茨 · 科勒（Heinz Kohler）所著的《商务与经济统计》（*Statistics for Business and Economics*）一书作为主要的学习资料。它如美国亚马逊上的一则评论所描述的一样：

学习统计学最好的书

即将面临的统计学课程让我非常害怕……我感觉统计学中的概念和推理对我来说太难了……而这本书章节的设计和版式简单易懂……对我来说，统计学再也不是问题了！我很惊讶的是，科勒是如何把统计学写得这么有趣、易懂的。

研究方法也是如此。关于研究方法的教科书不计其数，所以在网络上选择教科书前先看评论。学习这门基础课程最重要的就是完成书中所有的练习题。因为这些问题大多数都是将理论付诸实践的关键，所以你可以通过练习牢牢掌握书中的观点。如果你至少将自己选择的书读上了三遍，那么你就已经掌握了所有成为一位优秀的定量分析师所需的知识。然后，你所要做的，就剩下“练习、练习、再练习了”。

成为数据分析师

在商业领域，定量分析这个活动会发生在一定阶段和一定的社会背景下。有些活动对形成定量技能非常重要，比如做分析，写分析报告，和其他分析师一起工作，通过研讨会等活动向他人学习和与专家一起工作等。

写报告，练习的第一步 |

练习的第一步就是写报告，它能帮助你做到“用数据讲故事”。你可能通过读文章学到很多东西，可是如果你认真地去解决实际的问题，再写一份总结报告，那么你会从中学到更多东西。如果你选择的问题以及解答能令全公司上下都为之震惊，那就太让人羡慕了。不过，即便不是这样也没关系。

认真选择正确的问题，因为伏尔泰说过“人们会根据你提出的问题，而不是答案来评判你”。然后，认真遵守定量分析的 6 个步骤，再以正式的报告呈现你的发现和建议。写报告的目的有三：

- 你会学到更多东西，而且在遇到实际问题时，你分析问题的熟练性也会得到提高。
- 这对解决工作中的问题大有裨益。
- 有助于在工作中创造分析性氛围，激励他人进行分析性思考和行动。

不要一开始就期望太多，可是，要确保你的报告能证明以下几点：**你认真回顾了之前的所有发现；在问题的解决上，你比别人付出了更多的努力；你的工作是分析性的。要记住，别人可能根据你解决问题的方法来评价你，而不仅是你得出的结论。**

形成定量分析群体 |

找一个朋友或小组组建起一个定量分析团体。共同工作的益处多多：能更有效地工作，有效地完成项目，在工作中提高分析能力。你可以为工作中遇到的挑战设置优先级，然后根据 6 个步骤讨论问题，拆分任务，解释自己的工作，以及轮流向对方汇报成果。这样设置小组，是最可靠、最迅速的学习方法。如亨利 · 福特所说：“聚在一起是开始，保持一道是进步，一起工作是成功。”同时，分析小组的员工能够改变公司，尤其是因为他们能创造分析性的氛围，激励他人理性地思考和行动。

定期召开研讨会 |

召开研讨会的目的很明显：给与会成员传达其项目成果，增加相互探讨的机会，以促进将来的项目和进一步扩展分析性氛围、促进基于事实的决策。许多公司还引进了有关分析性主题的外部发言人。定期的、重点突出的研讨会往往能给与会者传递更全面的信息，让他们获得鼓励性的体验，激励他们在下一次会议中表现得更好。当然，试着让一些非技术人员也参与会议吧。

定量分析——定量知识 / 方法 |

在这个阶段，群体研究的重点是学习如何运用定量分析解决各种实际问题。你可以从本书中列举的例子开始。准备纸和材料，轮流呈现给对方，然后按照 6 个步骤讨论细节。一旦出现好的定量方法，就是很好的机会，能让你在真正的运用中学习。同时，邀请一位专家对定量分析法加以详细的解释，并讨论该方法的力度和与之相关的注意事项，这些非常重要。你还可能在你的公司，或者至少当地的大学找到这样的专家。

如果按照本章中描述的步骤，你至少会成为一个半职业的定量分析师。而且，毫无疑问，你还会改善自己的事业前景、拓展思维。你会成为公司和机构重大变革的一部分。

KEEPING

UP

WITH THE

QUANTS

分析性思维实例

用数据思维“撬动名校奖学金”

在学术界，为了竞争终身职务，大学教师们的压力变得越来越大，他们要经常发表论文才能获得晋升。有一种说法叫作“要么发表，要么死亡”，它很好地说明了这种情况，尤其是在那些有名望的大学和研究性大学，为了晋升或维持事业的发展而不断发表作品的情况比比皆是。然而，因为准备在期刊尤其是重要期刊上发表作品并不容易，而且需要投入大量的时间，所以，和其他学者共同协作会更有成效，而且这也已经成为一种常态。教授与学生联合出版著作也很常见。获得研究院的奖学金的关键是，要么做好独立完成研究的充分准备，要么具备协助教授们完成作品的足够的研究能力。

金镇浩生活在韩国，他的两个女儿在读大学，但他无法通过自己的能力送女儿上研究生，所以他就如何获得奖学金进行了系统性的分析。如今，他的两个女儿分别获得了斯坦福大学和密歇根大学的奖学金。刚开始，金镇浩还在犹豫要不要说出自己的家事，可是后来，他还是决定讲出来，以表明有着定量分析背景的学生是如何轻松获得奖学金的，同时说明有意地、系统地进行定量分析思考能起到什么作用。

金镇浩的大女儿努里（Nuri）在读到大四时，想要接着去美国完成学业。她知道，要去国外学习，必须获得奖学金。可是，对于一个通信专业的外国学生来说，获得奖学金是非常困难的事。这时，金镇浩鼓励她说，只要好好准备，获得奖学金也不是那么难。于是，努里在爸爸的带领下开始认真准备申请奖学金。

那么，要说服研究生录取委员会，让他们相信“努里能协助他们进行研究，并值得给予奖学金”需要做些什么准备呢？让我们看看定量分析的 6 个步骤，同时讨论下教授们的带领角色和学生们的协助角色是怎么样的（见图 5-2）。

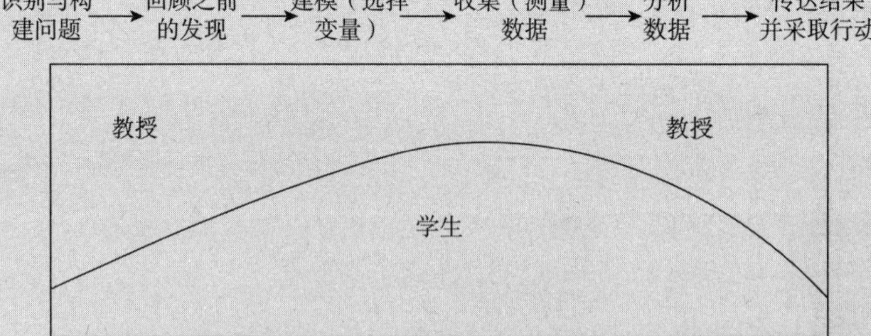

图 5-2　努里是否有申请奖学金资格的定量分析 6 步骤

在识别与构建问题阶段，一个关键的动作是决定能被期刊接受的研究主题。在这个阶段，教授往往扮演着领导者的角色。到了回顾之前的发现这一阶段，就能证明这个新的研究主题与现有的研究有什么不同，以及它将如何增进现有的知识。

要收集什么样的数据一般由教授决定。研究生通常会帮助教授进行数据收集和数据分析。这些任务之所以交给学生，是因为他们的时间相对集中，可以专心地做数据收集工作。如此一来，若想获得奖学金，首先要了解为什么选择这个主题，以及如何进行研究；其次，表明自己能在教授的指导下出色地完成数据收集和分析工作；最后，当研究生收集和整理完数据后，教授一般会向期刊提交文章。

在准备奖学金申请的过程中，努里还参加了介绍统计学和研究方法的两门课程。为了进一步加深对这些概念的理解，金镇浩和努里针对教科书的每一个章节都进行了问答和讨论。努里还参加了一个关于 SPSS（Statistical Product and Service Solutions，统计产品与服务解决方案）应用的集中培训课，以培养数据分析的习惯。最后，金镇浩和努里一起读了最近发表的 20 篇文章，并批判性地讨论了文章的观点、研究方法、收据收集、数据分析和结果解释。这个过程能帮助努里清楚地了解，她从三门准备课程中所学的观点如何运用到实际的研究中。努里在大四那一年就完成了所有的准备工作。这一年结束时，她已经能胜任研究工作，也准备好协助教授进行研究了。

努里将她准备的东西和具备的能力做成详细资料，放在申请硕士课程的“目的说明”中，最后赢得了威斯康星大学的奖学金。多亏了早有准备，努里在那里和几名教授一起工作，发表了很多作品。后来，她又收到了斯坦福大学的奖学金，如今，她正忙于写自己的哲学博士论文。而金镇浩的小女儿采取了和姐姐同样的办法，她后来收到了密歇根大学的奖学金。目前，她已在化学工程实验室工作。

数据分析成就 NBA 黄金球队

这是一个关于有着定量分析背景的职业篮球队员的例子。达里尔·莫雷（Daryl Morey）是 NBA 休斯顿火箭队的总经理。但凡熟悉书籍或电影《点球成金》的人都知道，莫雷有着“篮球界的比利·比恩（Billy Beane）”的名号。他是一位计算机科学家，毕业于西北大学统计学专业，取得了麻省理工学院斯隆管理学院的 MBA 学位。他总是将比利·比恩有关棒球的统计学知识运用到其他体育运动中，还担任过波士顿凯尔特人队的高级副总裁。35 岁时，他成为休斯顿火箭队的总经理，并继续运用各种统计学和定量分析法来提高球队的表现。同时，他还是麻省理工学院体育分析峰会（MIT SSAC）的主席，这一会议如今每年会吸引 2 000 多人参加。

肖恩·巴蒂尔（Shane Battier）是一位 NBA 球员，他是前锋，目前在替迈阿密热浪队打球，已获得两届 NBA 总冠军。2006—2011 年，他效忠于休斯顿火箭队。作为职业球员，他比较善于分析，还被《体育新闻杂志》（*Sporting News Magazine*）评为第七聪明的职业球员。《点球成金》的作者迈克尔·刘易斯在一篇文章中指出，莫雷是这样描述巴蒂尔的：

我们将具体的信息一并打包给他，他是唯一一位我们给予这些信息的球员，我们可以将这些信息给他，让他筛选。大多数球员都像高尔夫球员一样，你不希望他们在思考问题时左右摇摆。巴蒂尔会根据这些数据将球场独立分区，并计算出科比·布莱恩特从球场各个位置、在不同的防御程度和其他球员配合的情况下投中篮的可能性——他如何靠卡位、挡切战术、接球就投等方法得分。此外，巴蒂尔通过分析数据，从通常负责防卫的球星那儿了解到了不少东西。

然而，6 步分析步骤表明，巴蒂尔却是火箭队中颇受争议的球员。

识别与构建问题。火箭队该用巴蒂尔吗？即便他个人得分数和篮板球等表现的并不理想。

回顾之前的发现。体育分析越来越常见，关于该主题的书籍和网站也有许多。可是，这样的分析在个人表现统计与球队胜利高度相关的体育运动中要更容易些。在篮球界，整个团队的表现动态和球员们的相互作用更加难以测量。巴蒂尔的个人表现指数相对较弱（毕业后任职于孟菲斯灰熊队的 5 年里，他平均每场得十几分，所抢的篮板球也在 5 个以下）。然而，当他在场时，他的团队和其他球员似乎表现得更好——有时候要好得多。

建模（变量选择）。决定是否该将巴蒂尔从孟菲斯灰熊队接收过来的变量用代价衡量，衡量因素有薪酬、各种个人表现，以及巴蒂尔在场上和场下时的团队表现。

收集（测量）数据。个人表现的衡量和有关财政的信息很容易就能收集到。还有另外一种方法可以测量个人球员对团队表现的影响，那便是来自著名数学网站 82games.com 的罗兰 · 比奇（Roland Beech）采用的“正 / 负”统计法。

分析数据。莫雷和他的统计学家们决定用“正 / 负”统计来评估巴蒂尔。“正 / 负”统计法有许多版本，其中包括队友和对手的质量。我们不是很确定莫雷是如何计算出巴蒂尔的衡量结果的。可是在 2006—2007 年赛季，在休斯顿火箭队的第一场比赛中，莫雷说巴蒂尔的“正 / 负”调整到了 8，意即，如果用一位普通的 NBA 球员替代他，那么火箭队与其他球队的比分差距会减少 8 分。照这样统计，巴蒂尔在 NBA 的所有职业球员中的排名是第 17 位，可是，他还拿着联盟的平均工资，而和他交换的球员在“正 / 负”统计中的排名却是第 45 位。

传达结果并采取行动。当然，莫雷还是换来了巴蒂尔，而且认为他在火箭队中的表现还不错。在巴蒂尔到来前的那个赛季，休斯顿火箭队的得分是 34—48. 在 2007—2008 赛季，该球队的得分是 52—30，在 2008—2009 的赛季，创纪录地实现了 55—27——取得了 22 连胜，在这些比赛中，火箭队最好的球员都受了伤。巴蒂尔替火箭队打了 5 年球，直到受伤后又被换回了孟菲斯灰熊队，后来又加入了迈阿密热火队。肖恩在迈阿密热火队的表现也不错，2012 年该球队还获得了 NBA 的总冠军。

KEEPING **UP** WITH THE *QUANTS*

06

与数据分析师同行

数据分析无处不在

因为《成为数据分析师》这本书的受众是非定量分析专业人员，所以我们认为它能教你如何与分析师和数据科学家打交道。即便你已经通过读这本书，和照做之前章节中建议的知识构建活动，学到了不少东西，可是，单凭你自己做这些复杂的分析是不够的。你必须偶尔与定量分析领域的专家们一起工作。定量分析师和数据科学家通常都拥有定量分析领域（如统计学、数学，甚至物理学）的博士或硕士学位。这些东西告诉你，要做严谨的工作需要什么样的定量分析能力。

在这一章中，我们首先要描述的是三组人员之间的一系列关系：

- 公司和机构的决策者；
- 商务人士和团队成员；
- 定量分析师和数据科学家。

在本书中，我们假设你就在前两类人中，需要与第三类人一起工作。

如果你属于第三类人，那么这一章也仍然有用，因为它给你提供了一个如何与非分析师有效合作的行动指南。

这三类人相互适应也是有原因的，总比一群人完全把事情交给另一群人好。本书中，我们大力提倡的是将分析学和数据作为决策的依据。然而，对于许多高管而言，直觉和经验也是重要的决策依据。虽然直觉和决策常会导致决策偏差，但是它们也无可否认地帮助建立起了合适的财务指标，提出了重要的“假设分析”业务情景，以及设定了与分析模式相关的条件。

接着，我们的目的是将分析性决策和高管的直觉相结合。既擅长分析，又有敏锐直觉的高管并不多。这就意味着，如果他们想成为高效的决策者，就得和定量分析师紧密合作。事实上，我们可以说，高管和他们的那些懂得定量分析的顾问之间的关系质量是进行有效决策的关键因素。

如美国工程院院士卡尔·坎福（Karl Kempf）所说，好的定量决策“并不取决于数学，而是取决于决策人员与分析人员之间的合作”。他是英特尔公司一个决策工程小组的组长。这句是他的名言，他在英特尔有着“超级定量分析师”和“首席数学家”的美称。如果某人被称为“首席数学家”，那么我们应该注意的是：此数学并非常规意义上的数学。

卡尔发现，定量分析师们进行分析时使用的数学和统计算法可以非常简单，也可以非常复杂。可是无论如何，这些算法也是聪明人士经过几十年的努力得出的，而且又经过了另外一些聪明人士的反复检测。

数学在其中确实起到了作用，可是，这些人在决策方面的作用很少被精炼。设有定量分析小组的公司需要认真分析所雇用的定量分析师的类型和他们在高管身边扮演的角色。拥有多种技术能力的分析师很可能供不应求。此外，高管们需要改变对定量分析师的期待和与他们的关系。最后，这些定量分析小组使用的方法和工具需要拓展与精练，以与人们决策的方式完美结合。

让数学人才成为商业专家

卡尔和他在英特尔的分析团队直接吸收了我们在这个部分讲述的经验。该小组十分重视分析师和决策者之间的关系。他们努力寻找相互尊重的工作法——让商业决策者关注和尊重定量分析师的技术，让数学人才感兴趣和尊重商业决策者的见解。其中的关系不对称也是有意而为之。让商业决策者多少了解数学是有好处的，卡尔和他的团队认为，让数学人才深入了解商业人才的直觉是非常重要的。**这不等于让决策者成为数学专家，可却相当于让数学人才成为商业专家。**

数学人才可能无法全面理解商业直觉的来源，可是数学人才一定要知道什么是直觉，并了解商业规则。英特尔采取的方法是派其中一位“数学人才”到商业部门里，至少去听，去学习，并且在适当的时候提出问题。和新员工一样，分析人员经过培训后便可以参与到业务流程中。两种情况中，他们的使命是了解正式的和非正式的公司，以及团队如何获得激励与奖赏等。

卡尔衡量团队成功的低标准是数学人才认为自己了解了商业问题，而高标准则是商业人才认为数学人才了解了商业问题。这样一来，就让数学人才建立起了商业思维，也为商业人士学到了更多相关的数学技能。

假设最提倡使用分析学的人能让数学人才暂时观察或加入商业团体，那么，鉴别和引进团体中最大的批评者就是一个有用的目标。最糟糕的情况是，他们可能是正确的，但不好实现；最好的情况是，你已经有了最适合的候选人，来批判对结果或方案的演示。曾任思科系统公司分析小组组长、现任威瑞森无限公司（Verizon Wireless）分析小组组长的安妮·罗宾逊（Anne Robinson）也强调引入批评者的重要性。“他们能让你保持聪明，能让团队的业绩再创新高，”她说，“如果你连他们都说服了，那么还有谁是不能说服的呢？”

在英特尔，下一步就是要决策者和定量分析师合作建立基础模式。重要的定量分析人员集思广益，想出投入、产出、主要变量和变量之间的重要关系。

同样地，在这样的练习中，商业人士无须理解双曲型偏微分方程（Hyperbolic Partial Differential Equation），可是，至少，他们要在白板上画一个图表，提出这样的一些问题：

- A 与 X 相关，如果 A 上升，那么 X 的发展趋势是什么?
- 主变量 B 的最高值和最低值分别是多少?
- 如果原因 Y 和结果 Q 之间存在一个时间差，那么这个时间差是多久?

像其他模式一样，关于建立基础模式，我们可以列举出许多有用的具体例子。在这个过程中，定量分析师一定要认真听，提出清楚的问题，还要尽可能最大程度地吸收决策者的知识。这样一来，建立模型就像建立关系一样。

这时候，定量分析师团队应该做好马上行动的准备。这需要选择正确的数学方法，并将模式形式化，使其能在计算机中计算，还要收集数据，并将它们输入计算机。然后，分析师可以通过对变量和关系进行敏感度分析，以及采用其他方案来检测这个模式。只要商业决策者能提供一些问题，分析师就可以开始从决策者或分析师的角度去观察其中的偏差,或者适当调整模式。这个阶段最重要的方面是尽早着手塑造一个模型，然后向预期的顾客展示以获得反馈。来自商业领域的人对这个模式进行检测，检测其完整性和商业团队的一致性。

然后，再根据反馈和示范来精练这个系统。换句话说，多次的失败才能助你取得成功。

每一次检查的过程中，定量分析师都会忘记、误解或是做错一些事；而那些商业决策者忘记说的事，在他们如今看来，也不是当初的意思。不管该方案是一次性的分析还是持续的分析，这个问题的成功就为关系的成功奠定了基础。商业决策者一开始可能需要一些信念，可是，如果事情进展顺利，那很快就会被基于经验的可信度取代。形成相互信任、尊重和理解的关系需要时间和精力——尤其是对分析师来说，因为商业人士没有那么多时间来投入。一开始就形成良好的关系，才能进行一系列有力的分析、形成支持工具，以及加深信任与理解。

艺术与科学的结合

在英特尔 20 多年以来有关分析的各种项目中，刚才描述的方法经过了长期的发展与不断的改善，为该公司创造了巨大的利益。最初以制造业为主，包括工厂设计、建筑和操作。曾经分析过的问题和使用过的决策，将问题从决定机器数量和安排，扩展到了管理半成品和设备维护中。

要完成的第二大分析工作是整合英特尔内部的产品、存货和物流规划。有了美国、哥斯达黎加、爱尔兰、以色列、中国、马来西亚和越南的生产设备，工厂的分析师们如今不仅可以跨越时区，还可以跨越文化和语言的鸿沟。

后来的方案看上去是在供应链中上下游动。有关设备和材料的合同方案注重与供应商之间的双赢关系，使英特尔达到最佳灵活性。需求预测和制成品定位方案则注重对顾客的服务，包括供应链花费。这些系统可以持续地使用，或是被第二、第三代分析系统和策略升级。

你的分析责任

若想成功解决分析问题，定量分析师和商业决策者身上就得背负一定的责任。在本书中，我们已经大篇幅地讨论过定量分析师的工作和你如何更好地了解他们的数据及报告。如今，是时候说明商业人士应该扮演什么样的角色了，不管他们是否注重数学。

KEEPING UP WITH THE QUANTS

人人都是分析师

定量分析师对商业决策者的期待

作为一位商业决策者，你应该：

- 给予数据分析师足够多的时间和关注，确保他们从你的角度了解问题。
- 应对你公司里那些能帮助定量分析师具体了解商业情形的人给予充分的时间和关注。
- 全面了解建立方案所需的时间和金钱，并将这看作一个提案。
- 足够了解根本的数学和统计学问题，对模式的运作和模式失效的时间有一个大致的了解。
- 出席所有关于概述、示范和启动的会议。
- 让你的员工知道，有效运用新的模式能帮助你和他们取得成功。

不懂数学，就做不出好决策

在第 5 章中，我们提出了关于商业人士学习统计学知识的各种方法。我们认为，这种责任延伸至了每一个层面的商业人士，包括高管。为什么这么说呢？在这个数据密集型社会和商业文化中，若不懂数学，你就不知道如何将数据分析运用到决策中。

那些不懂数学的人很容易会遇上麻烦，比如引言中提到的金融产品公司的乔·卡萨诺。许多公司在商业运作中,逐渐开始使用数学分析模式。因此，一个重要的原则就是，管理者不要在商业层面上建立连自己都不懂的模式。如诺贝尔经济学奖得主、耶鲁大学著名经济学教授罗伯特·希勒（Robert Shiller）所说:“如果你是一家公司的管理者，那么你就得成为一位定量分析师。定量细节非常重要。”

一些公司坚持要员工熟练掌握数学知识和模式构建方式。比如，拥有哈佛大学经济学博士学位的世界银行集团CEO埃德·克拉克（Ed Clark），在金融危机期间就避免了许多银行面临的问题。据《多伦多明星报》（*Toronto Star*）报道，他在回顾其他银行遇到的问题时说:“令我害怕的是，我渐渐发现，他们并不了解这些产品的实质。他们从未坐下来检查过个人产品中的数学问题。这部分是因为，他们派去了解这些产品的人的职位太低了。”

如今，所有行业都离不开数据和数据分析了。所以，掌握一定的分析能力是高管们义不容辞的责任。否则，当商家要他们担任一项混乱的、不太能理解的任务，或者让他们预测一个需要很多顾客数据的模式时，他们就会束手无策。否则，他们就会将自己和顾客置于险境。

高管们需要了解一些概念：

- 集中趋势测量（平均值、中值和模式）；
- 概率与分布；
- 取样；
- 相关分析与回归分析的基本要素；

- 实验设计的基础知识；
- 可视化分析的说明。

高管们掌握这些知识的方法和下级是一样的，只是高管们有条件引进教授或顾问，来进行高管小组或一对一的辅导。

保持怀疑精神 |

我们已经提到过统计学家乔治·伯克斯的名言："本质上说，所有模式都是错误的，但有些是有用的。"当时我们也提到，知道它们什么时候不再有用，对我们来说非常重要。而它们失去作用的时候，往往是将假设纳入模式时。世界在不断变化，具有怀疑精神的高管的任务，就是判断这种变化方式是否会让人们对这个模式产生怀疑。以下是一些公司利用定量分析模式中的假设的例子：

- 尽管经济发展有所衰竭，可是顾客以某一价格购买某种产品（价格弹性）的意愿并未改变。
- 我们数年前在网站上测试的各种顾客，他们的喜好和如今的顾客相似。
- 当房价上涨时，我们就按揭借款人违约的可能性创造了预测模式，这个模式在价格下降时同样适用（显然，这点有些不确定）。
- 即便我们正在经历全球化的气候变迁，可是飓风会抵达南佛罗里达州的可能性并未增加。
- 即使许多人如今都没有在用座机了，可是座机号码仍是舆论调查的有效样本（这点也不太确定）。

这些假设并不都是无效的。事实上，几乎所有模式都是基于以前的数据得出的（因为将来的数据很难获得），所以他们就假设，在许多方面，将来和过去是一样的。在很长一段时间内，这些模式都非常有效。如查尔斯·都西格（Charles Duhigg）在他的书籍《习惯的力量》（*The Power of Habit*）中所说的，人类一旦形成某种习惯，就会保持很久。这才使得我们能以过去为基础预测未来。

一些公司出高价聘请人才，只为询问一些关于假设的尖锐的问题。以劳伦斯·萨默斯（Larry Summers）为例，他是克林顿和奥巴马政府的前财政部长，同时还是哈佛大学的前任校长，他也曾担任过定量对冲基金 D.E. Shaw 公司的顾问。我在一个社交场所与萨默斯相识，然后问他在公司的具体工作。他说："我一星期去一次公司，每次去的时候就围着那些建立数学贸易模式的定量分析师的办公桌转。我问他们，他们的模式背后有什么假设，以及在什么情况下模式会失效。让你感到吃惊的是，他们常常给不了我清楚的答案。"据说，萨默斯担任这个工作的报酬是500 万美元，所以，这个职业一定是很重要的。

你也可以像萨默斯一样。如果有人向你"推销"一个模式，你也可以学聪明些，问其背后有哪些假设，以及在什么条件下这些模式会失效。如果他们的回答太专业，那么就继续研究模式失效后世界的变化趋势。

不懂就后退 |

前一部分的最后一点是普遍适用的：你不懂的时候，最好后退。后退的最好的方法就是用到数据分析，而不是奇闻或意见。如凯撒娱乐集团的 CEO 加里 · 罗夫曼所言："我的任务并不是回答所有的问题，而是问许多尖锐的、令人不安的，甚至偶尔冒犯人的问题。作为分析流程的一部分，以形成简介和完美的方案。"

能鼓励分析学的进一步使用的特定问题类型如下：

- 你忘记了自己的数据吗?
- 你凭什么认为那个假设可以用数据检验?
- 你是否曾想过就那个观点进行经验性分析?
- 我们有 X 位顾客。你在每一位顾客身上都试过这种方法吗?
- 或许你可以针对那个观点进行一次小小的、严密的实验?

这样下来，你会得出自己的观点。如果公司周围的人不断问这种类型的问题，那么公司文化会迅速发生巨大的变化。

定量分析师经常试着用高度专业化的术语来描述模式和问题，那并不意味着你就得听从这些术语，或者用这些术语进行交谈。电影《商海通牒》（*Margin Call*）就是一个很好的例证，它夸张地讲述了 2008—2009 年的金融危机。这部电影是根据类似于雷曼兄弟的投资银行拍摄的。电影中的定量分析师拥有动力工程学的博士学位，他想出了一种计算银行财产评估漏洞的新方法。当他把这种新算法告诉由凯文 · 史派西（Kevin Spacey）饰演的商业头领时，那个狂暴的"独裁者"说："你知道，我看不懂你这些东西，用人话跟我讲出来。"事实上，每一位管理者都应该如此苛刻。

巴布森学院策略管理教授利亚姆·费伊（Liam Fahey）在一篇名为《策略与领导力》（*Strategy and Leadership*）的文章中描述了高管们在通过一系列建议问题进行分析时所扮演的角色。他们很好地总结了对高管们的要求。以下这些问题是他建议高管们问的：

- 进行分析工作想要解决什么样的商业问题或需求？
- 与了解商业问题及其背景相关的核心见解是什么？
- 我如何在自己的工作中协调这些见解？
- 这些见解如何影响我们的决定？
- 这些见解如何帮助我们形成现有的和将来的决定？

当有了初步的发现后，高管们应该问：

- 这一发现有何惊人之处？
- 你能通过进一步分析强化或反驳这个发现吗？
- 在挑战现有的发现时，我们该让其他人参与进来吗？
- 是否出现了重要的见解？
- 如果这一发现保持不变，那么它如何影响我对这个主题或问题的思考？

对于每一个新的见解，高管们应该问：

- 每一个见解有什么独到之处？
- 之前的理解是什么？
- 有什么不同？
- 将数据集与见解联系起来的原因或“论据”是什么？

见解说完后，高管们应该问：

- 哪些人参与了形成新见解的过程?
- 他们可能会对结果产生什么样的影响?
- 个人和单位之间的主要不同之处是什么？

如果你作为一位高管，问了所有这些问题，那么你对分析工作就会很熟悉，分析师们就会认为你对此感兴趣，而且懂得很多。如果分析师们能清楚地回答所有的问题，那么他们的工作也会是非常出色的!

理想的定量分析师应具备 5 种能力

我们已经花了一些时间来描述商业决策者在解决定量问题中的责任，同样地，我们也要描述分析人员需要做些什么才能达到决策者一半（多）的期望。

他们会学习你的业务，并对商业问题感兴趣 |

一些定量分析师主要对定量分析法和分析本身感兴趣，而不是将要解决的问题。这一部分是我们的教育体系的痼疾，我们如今将数学和统计学进行分开教授。可是，如果定量分析师不注重商业问题，那么他们就不能有效地解决问题，或者给决策者提供价值。

确保一位分析师对解决问题感兴趣，主要看招聘时他表现出来的潜质。一旦他被录取，想要改变就很难了。比如，威瑞森无线公司一个分析小组的组长安妮·罗宾森让应聘者描述一个自己以前提出的具体的商业问题，以及问题的兴趣点。英特尔的卡尔·坎夫也问了同样的问题。如果应聘者被问住了，那么他就不会被雇用。

他们会用商业术语交谈 |

我们在《成为数据分析师》这本书中不只说过一次，而且这也不是一件容易的事。可是定量分析师需要学习如何将分析方法和发现用商业术语表述。很多时候，那就意味着要用商业人士熟悉的术语，比如提升力、利润率、顾客习惯和结余等。满口不离钱，可能显得有点唯利是图，可是这就是商业语言的本质。在政府机构或非营利性组织，人们通常会转化自己的语言表述方式，来适应不同背景的人的表达习惯。

默克公司一个分析小组的组长帕特里克·摩尔（Patrick Moore）说，他在解释分析结果时，一般会遵循三个经验原则，以帮助客户做出更好的商业决策。

- 避免认为分析是“黑盒子”。因为这样一来，客户就会想避开它。所以，他想努力做到公开透明。
- 向商业客户传达这样的印象：我已经用合适的方法来看待正确的数据了；换句话说，他和他的分析师们，信心满满地认为自己在做正确的分析。
- 向客户提供结果的“录音”或“思维导图”，以便他们与上级交流。

摩尔的小组还用图解进行交流，比如模式中不同变量的相对重要性。

即便客户并未全面了解所用的度量标准或统计数值，他们也能通过柱形图了解相对重要的因素。

他们会解释一些专业术语 |

有时候，定量分析师需要用一些专业术语来解释他们所做的事。即便那样，定量分析师应准备好让人容易理解的解释，不至于猝不及防。如果有常用的分析工具或方法，那么你公司的定量师们会希望与同事一起想出一种开门见山、简明扼要的解释。当然，对于相对简单的分析来说，可视化分析是解释数据之间关系的一个好方法。

他们希望形成某种关系 |

如我们在本章前面所说，好的决策与数学无关，可是却离不开关系。如果你的定量分析师不想与商业人士建立关系，或许他们该去当一位天体物理学家、护林员或其他孤僻的职业，而不是商业界的定量分析师。

这说起来容易，可是自古以来，许多定量分析师确实喜欢数学多于人。然而，如果你搜索或采访人际导向的分析师，以及从商业导向的分析师中招聘，你就能提出这个问题。

他们不会让你觉得自己傻 |

有些公司里的分析师似乎很高兴让那些“普通”的商业人士觉得自己是傻瓜。他们会说这样的话：“你确定你知道什么是回归分析吗？”或者：“不好意思，卡方检验（Chi-square test）是最基本的东西，还需要解释吗？”

一些“大数据分析师”甚至会在“小数据分析师”面前作威作福。

当然，这个习惯很难令人接受，而且非常不利于问题的有效解决。但是，像许多坏习惯一样，我们认为这就是分析师们感到不被尊重的结果。在分析师紧密参与商业流程和被决策者高度重视的公司，他们在工作上更会是理想的合作伙伴。在一些聘请了分析师，却不让他们参与重要决策的公司，就会出现我们之前描述的令人讨厌的态度。分析师也像大多数人一样：“别人尊重我，我就尊重别人。”

KEEPING
UP
WITH THE
QUANTS

分析性思维实例

思科公司的需求预测

预测顾客需求是许多公司都会面临的问题，尤其是在制造业。对于引领市场的电信设备供应商思科公司来说，这是一个尤其重要的问题。该公司的全球供应链非常复杂，它销售的大多数产品都不是自己制造的。如思科公司的顾客价值链管理部全球业务运营副总裁凯文·哈林顿（Kevin Harrington）说："当然，预测顾客的需求是供应链管理的核心部分，是精益生产的一个关键的使能者。我们这个时代的特点就是，宏观经济中各种变化异常迅速，供需也不稳定，在这样一个时代，这个学科变得更具挑战性。自从 2001 年的互联网泡沫促使我们大范围转变价值链后，思科就报废了价值 22.5 亿美元库存。"

结果的呈现不仅表明了分析性思维，还表明了定量分析师与商业决策者之间的良好关系。

识别和构建问题。思科公司面临的问题不过是从 10 000 多种产品中更好地预测出顾客的需求。公司各部门的经理，包括销售部门、营销部门和财政部门已经通过直觉与之前的经验做出了“一致预测”。可是思科全球供应商管理和供应链转型副总裁卡尔 · 布雷伯格（Karl Braitberg）认为，基于已知的订货和以前的需求模式做出的分析性预测作为“一致预测”的“补充预测”非常合适，而这种“补充预测”会受到营销热情的影响。他让安妮 · 罗宾森和她的 6 人小组进行了一次统计性预测。罗宾森意识到，要成功进行统计性预测，她不仅要构建起一个高质量的预测模式，还要让思科的管理人员认可并使用这个统计性的预测。因此，她选择了合适的人来建模，展开了一场“灵活”的建模流程，而且该流程在进行的 18 个月内，定期会有一定的产出。在每一个产出阶段，罗宾森会将结果传达给相关人员，让他们了解该模式的运作方式，并让他们认可并使用它。

回顾之前的发现。统计预测的方法有许多种。之前的发现表明，结合多种预测方法——预测集成（Ensemble Forecasting），才能实现最好的结果。罗宾森经过调查和研究发现，集成方法提供了潜在的可能，所以，她确保自己团队使用的所有预测工具都具有那种能力。

建模（变量选择）。模式中的主要变量很可能符合当前的订单水平和历史需求。这些变量常用于各行业的流程预测中。

收集（测量）数据。由于变量一开始就很清楚，所以只有评估当前的订单中的不同资源，便能找出对模式来说最有价值的数据。比如，思科公司根据产业分部、顾客规模分段和地理区域来记录顾客订单。数据收集并非一路畅通。所幸的是，一切可能的数据资源都存储在公司的数据库里。但是，罗宾森的团队仍需要创造新的度量，来衡量顾客的需求是否得到满足。只有满足了顾客的需求，才能体现“以客户为中心”的宗旨。

分析数据。统计预测能预测出一系列需求，其中每一个评估范围都有一个可靠的区间。比如，据预测，某种路由器的每月需求是350组，而实际需求的95%可能在这个范围内。“灵活”的建模方法需要一系列步骤，每一个步骤需要2~3个月时间，这样建立的模式才能成功，才能处理思科公司产品中的数字和变化趋势。这些步骤包括以下5点。

- 选择符合要求的工具（思科公司选择的是SAS预测服务器）；
- 判断统计预测是否能进行比一致预测更精准的预测；
- 提高该模型的准确性；
- 判断预测方法是否能将几千种产品减少到300多种产品；
- 使模型自动化（让人类来管理模型需要太多劳动力，可是如果必要的话，思科的管理者和专家们仍然能无视它们）。

每一步都会配备一个相关的人进行检查，以确保新方法在整个流程中的运行。

传达结果并采取行动。统计预测方法会在全年范围内每周生成关于18 000多种产品的周预测。将统计预测与一致预测结合在一起，平均能提高12%的准确率。在凯文·哈林顿看来，这个方案是成功的：

> 结果预测的准确性提高了，存货周转率也提高了，供需平衡也得到了整体的改善。

> 除了哈林顿描述的结果，罗宾森还指出，思科公司的管理人员习惯用范围和概率来描述需求。他们希望看到对范围的预测，而不是对点（单一数字）的预测，他们会在每一次重要的谈话中说到范围。总之，思科公司的预测文化发生了巨大的变化，已经往更具分析性的方向发展。

在整个方案中，罗宾森试着让所有的预测团队参与到新的分析流程中。她和相关人员集思广益，设法找出新的以顾客为中心的度量。她还集结了很多人进行专题讨论，还为许多小组指明道路，呈现了她的“预测 101”。她设计图形来展示模式的结果，并鼓励团队“用结果中的数据讲故事”。罗宾森还和思科公司的 IT 部门建立了密切的关系，她指出，有时候很难区分开她团队的任务和 IT 人员的任务。

使默克公司的销售团队最优化

像默克集团这样的制药公司，很难提前制定销售团队的规模。因为公司需要定期引进新产品，这就增加了对销售人员的需求。而专利之外的现有产品，则会减少对销售人员的需求。对新产品的需求并无任何记录，所以，我们也不可能知道如何预测公司对销售人员的需求。

许多制药公司聘请外部顾问来制定销售团队的规模，然而，当经验丰富的分析师保罗·科鲁卡朗（Paul Kallukaran）博士分析制药公司的销售团队的规模数据时，他加入了“商业分析”团队，于是默克集团的高管们决定在机构内进行分析。

识别和构建问题。某些药物没有申请专利，而其他药物则进入了销售模式，那么，销售团队的最佳规模该是什么样的呢？销售团队并非整齐划一，而是因品牌或地域有所区分。所以，我们并不能从整体上确定销售团队的规模，而是该就每一个区域和每一种品牌来制定规模。

回顾之前的发现。就我们所知，有的咨询公司会提供划定销售团队规模的服务，所以其实是有经验可借鉴的。科鲁卡朗之前并不在这个领域工作，可是他借鉴了其他公司的方法。然而，这些方法从销售的观点来看似乎有点儿像“黑匣子”，而且营销决策者、科鲁卡朗和帕特里克·摩尔，以及“商业分析”团队都不喜欢它们。过去，默克集团不同群体曾通过咨询不同的顾问，用不同的方法来确定销售团队的规模。这是第一次，做分析时只有一个主要方法。

建模（变量选择）。科鲁卡朗决定用多种方法来制定最佳的销售团队规模。除了用统计建模这种传统的方法外，他和他的团队还运用了许多其他的方法。比如，他们试着寻找能服务到每一位顾客的方法。他们问销售人员对医生顾客采取了哪些方法，以此决定每一位销售人员的工作量。他们还进行了各种产品的预测计算，针对销售人员的促销和医生的处方变化创造了非线性回应模式。此外，他们还分析了其他变化因素，包括习惯、品牌价值和患者的推动力。分析师还查看了与患者相关的数据，以了解依从模式。许多患者对某药物的使用明显减少，这就影响了该药物的长期销售量。最后，他们使用整体优化模式对每一个地区使用每一种产品的每一个医生进行了资源最优化。

收集数据。制药行业一般从第三方经营者手里获取医生处方的数据，默克集团也拥有这样的数据。可是根据该方案中销售团队活动模式的要求，我们要调查销售人员的推销习惯和次数。他们要保证销售团队数据的真实性，也就是说，他们使用的调查方法不能像裁员行动。这样销售人员才不会觉得自身的工作受到了威胁，才会提供准确的信息。

分析数据。如我们所说，这个复杂的过程包括一系列分析方法，不仅包括整体优化和基于客户对促销的历史响应情况，而且要计算每一个细分产品的响应曲线的非参数模型，因为该方案涵盖了每一个地区的每一种品牌的运行模式，所以计算整体模式一开始就需要 16 个小时。可是，科鲁卡朗的团队希望回应时间更快一些，于是他们用几百台便携式计算机来计算。每一台计算机负责计算一个地区的模式。有了这些计算工具，只要 20 分钟就能计算出全部模式。

传达结果并采取行动。在默克集团，这是解决制定销售团队规模问题的一种新方法，可对于内部客户来说，这一方法也并非完全陌生——正是这些内部客户使他们更容易接受这个模式。在销售方面，战略规划部副总裁对过去分析师们就这一地区采取的行动有着一个分析定位。在营销方面，分析师们之前就创建过促销回应模式，可是这些模式并未派上用场。有人甚至抱怨这些模式总是缺东少西，毕竟，不求更好，只求最好。有了确定销售团队规模的计划后，科鲁卡朗鼓励营销人员对手里的东西“物尽其用”。他最开始和一些小品牌的团队一起工作，并让他们明白新的方法比他们之前使用的直觉型决策好在哪里。他将直觉型决策与数据分析决策相比，却不将与这种模式相关的方法强加给他们。他说：“就将它作为你决策的参考因素之一好了。”要说服不同的团队使用这个模式，需要依靠公司一以贯之。默克集团当时的董事长赞同这个想法：对比不同的品牌团队需求，以便他轻易评估出它们对资源的要求。时间一长，默克集团内几乎所有的团队都采用了这种模式。一旦某个地区出现空缺，他们就要求科鲁卡朗的分析团队重新计算模式，而区域经理则被赋予更多的自主权，并能自负盈亏。这样一来，这个有系统开发商参加的团队就创造了一个“分析应用”，以告诉区域经理是否该填补空缺。这个应用的使用非常广泛，而且当地决策者不用依赖科鲁卡朗的核心团队就可以做出决策。

KEEPING
UP
WITH THE
QUANTS

结语

数据分析，决战智能商业时代的关键

到了这个时候——也就是书的结尾，除非你真的喜欢去考究那些脚注，希望我们已经让你相信了某些事情。

首先，基于数据、分析的分析性思维会在商业和社会中扮演越来越重要的角色。我们需要很多惯于使用分析性思维的管理人员和专业人员，希望你就是其中之一。

其次，我们希望你此刻已经意识到，即便你不是统计学家或数学家，你也可以参与这个游戏。如果你明白分析性思维的阶段和步骤，以及分析性决策流程的特征，那么你就可以和最优秀的分析师一起工作来提高决策水平。在这个过程中，你还可以锻炼自己，使自己成为更优秀的思想家和决策者。

再次，大多数人会认为“解决问题”就是分析性思维的核心，可它只是成功的分析决策的一小步。如果问题的构建不正确，或者没被优化，那么方案就不一定有用。如果结果没能进行有效的传达，那么便不会有基于这个结果的决策，或者行动。如果你正在努力解决一个分析性问题，正不知如何分配时间，那么就将时间平均分配在这 3 个阶段吧。

最后，许多人认为分析性思维和决策大多有专门的数字、严格的统计和左脑思维。我们已经尽力表明——尤其是在第 4 章，创造力对分析性思维非常重要，而事实上关系也同样重要——或许更加重要。

如果你读完了整本书，了解了书中的观点和例子，那么你就已经准备好加入分析师之列了。恭喜你！能加入这个群体是一件令人兴奋的事。数据对于公司的重要性将会日益增加，而你也会因为它变得越来越被组织需要。我们希望你做出的新的分析和决策能让你以及你的公司都受益！

未来，属于终身学习者

我这辈子遇到的聪明人（来自各行各业的聪明人）没有不每天阅读的——没有，一个都没有。巴菲特读书之多，我读书之多，可能会让你感到吃惊。孩子们都笑话我。他们觉得我是一本长了两条腿的书。

——查理·芒格

互联网改变了信息连接的方式；指数型技术在迅速颠覆着现有的商业世界；人工智能已经开始抢占人类的工作岗位……

未来，到底需要什么样的人才？

改变命运唯一的策略是你要变成终身学习者。未来世界将不再需要单一的技能型人才，而是需要具备完善的知识结构、极强逻辑思考力和高感知力的复合型人才。优秀的人往往通过阅读建立足够强大的抽象思维能力，获得异于众人的思考和整合能力。未来，将属于终身学习者！而阅读必定和终身学习形影不离。

很多人读书，追求的是干货，寻求的是立刻行之有效的解决方案。其实这是一种留在舒适区的阅读方法。在这个充满不确定性的年代，答案不会简单地出现在书里，因为生活根本就没有标准确切的答案，你也不能期望过去的经验能解决未来的问题。

湛庐阅读APP：与最聪明的人共同进化

有人常常把成本支出的焦点放在书价上，把读完一本书当做阅读的终结。其实不然。

时间是读者付出的最大阅读成本
怎么读是读者面临的最大阅读障碍
“读书破万卷”不仅仅在“万”，更重要的是在“破”！

现在，我们构建了全新的“湛庐阅读”APP。它将成为你“破万卷”的新居所。在这里：

- 不用考虑读什么，你可以便捷找到纸书、有声书和各种声音产品；
- 你可以学会怎么读，你将发现集泛读、通读、精读于一体的阅读解决方案；
- 你会与作者、译者、专家、推荐人和阅读教练相遇，他们是优质思想的发源地；
- 你会与优秀的读者和终身学习者为伍，他们对阅读和学习有着持久的热情和源源不绝的内驱力。

从单一到复合，从知道到精通，从理解到创造，湛庐希望建立一个“与最聪明的人共同进化”的社区，成为人类先进思想交汇的聚集地，共同迎接未来。

与此同时，我们希望能够重新定义你的学习场景，让你随时随地收获有内容、有价值的思想，通过阅读实现终身学习。这是我们的使命和价值。

湛庐阅读APP玩转指南

湛庐阅读APP结构图:

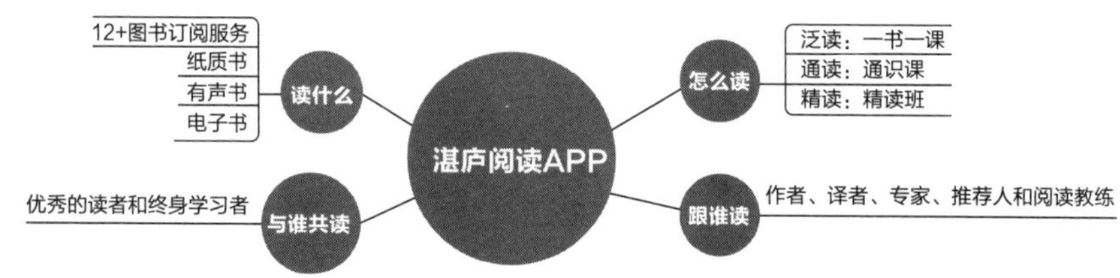

三步玩转湛庐阅读APP:

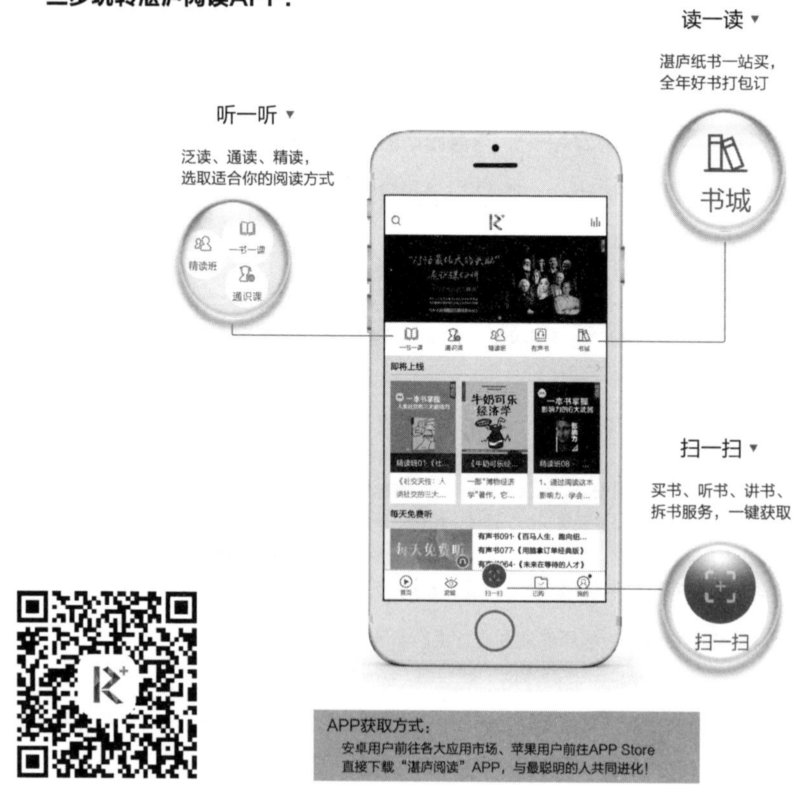

APP获取方式：

安卓用户前往各大应用市场、苹果用户前往APP Store 直接下载“湛庐阅读”APP，与最聪明的人共同进化！

使用APP扫一扫功能，
遇见书里书外更大的世界！

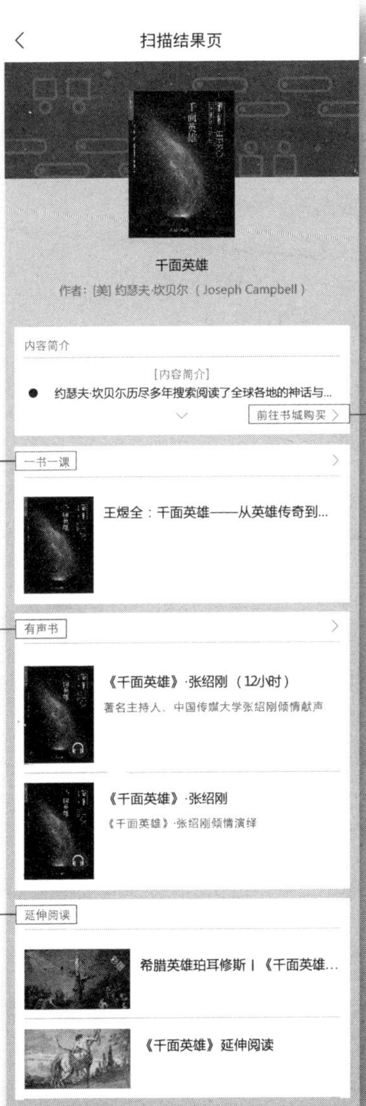

扫描结果页

千面英雄

作者：[美] 约瑟夫·坎贝尔（Joseph Campbell）

内容简介

[内容简介]

● 约瑟夫·坎贝尔历尽多年搜索阅读了全球各地的神话与...

前往书城购买 >

快速了解本书内容，
湛庐千册图书一键购买！

一书一课

王煜全：千面英雄——从英雄传奇到...

大咖优质课、
献声朗读全本一键了解，
为你读书、讲书、拆书！

有声书

《千面英雄》·张绍刚（12小时）

著名主持人、中国传媒大学张绍刚倾情献声

《千面英雄》·张绍刚

《千面英雄》·张绍刚倾情演绎

你想知道的彩蛋
和本书更多知识、资讯，
尽在延伸阅读！

延伸阅读

希腊英雄珀耳修斯丨《千面英雄...

《千面英雄》延伸阅读

延伸阅读

《人机共生》

◎ 托马斯·达文波特智能商业五部曲之一。智能时代振奋人心之作，独家揭秘智能时代人类胜出智能机器的 5 大策略。

◎《金融时报》年度十佳商业图书、麦肯锡 CEO 年度书单。

《数据化转型》

◎ 托马斯·达文波特智能商业五部曲之二。本书是一本宝贵的商业实战指南，展示了未来商业的智能场景，为各行各业的大数据实现真正的利益变现提供帮助。

◎《福布斯》《金融时报》鼎力盛赞。

《成为数据分析师》

◎ 托马斯·达文波特智能商业五部曲之三。如果你一看数字和统计就头疼、不知其所云，那么此书正是为你而做，它会让你快速地掌握数据分析的必备技能，强化分析性思维，在竞争中领先群伦。

《数据化决策》（暂定名）

◎ 托马斯·达文波特智能商业五部曲之四。本书是一本实用决策指南，在网络时代，每个人都会被身边的各种数据包围或困扰，本书旨在教会企业或个人如何利用身边的数据做出正确的决策，解决棘手问题。

◎《数据化决策》正在由湛庐文化策划出版，敬请期待！

《数据化变革》（暂定名）

◎ 托马斯·达文波特智能商业五部曲之五。本书旨在揭示未来以数据为导向的企业应该具备的能力，并用一个模型来阐述企业构建数据分析能力的具体步骤。

◎《数据化变革》正在由湛庐文化策划出版，敬请期待！

Keeping up with the quants: your guide to understanding and using analytics / Thomas H. Davenport, Jinho Kim.

Published by arrangement with Harvard Business Review Press

图书在版编目（CIP）数据

成为数据分析师 /（美）达文波特，金镇浩著；盛杨燕译 .—杭州：浙江人民出版社，2018.1

ISBN 978-7-213-08622-9

Ⅰ . ①成… Ⅱ . ①达… ②金… ③盛… Ⅲ . ①数据处理－应用－企业管理 Ⅳ . ① F272.7

中国版本图书馆 CIP 数据核字（2018）第 015103 号

上架指导：经济管理 / 智能商业

成为数据分析师

［美］托马斯 · 达文波特　金镇浩　著

盛杨燕　译

出版发行：浙江人民出版社（杭州体育场路 347 号　邮编　310006）

市场部电话：（0571）85061682　85176516

集团网址：浙江出版联合集团　http://www.zjcb.com

责任编辑：郦鸣枫

责任校对：戴文英

印　　刷：河北鹏润印刷有限公司

开　　本：720mm　965mm 1/16　　印　　张：14

字　　数：169 千字　　插　　页：5

版　　次：2018 年 2 月第 1 版　　印　　次：2018 年 5 月第 2 次印刷

书　　号：ISBN 978-7-213-08622-9

定　　价：62.90 元